QUESTIONS
of
INTEREST

QUESTIONS
of
INTEREST

A Presentation in
Question-and-Answer Form
of True-Life Situations
Governed by the Prohibition
against Lending at Interest

RABBI YISROEL P. GORNISH

CIS
P·U·B·L·I·S·H·E·R·S
New York · London · Jerusalem

Published and distributed
in the U.S., Canada and overseas by
C.I.S. Publishers and Distributors
180 Park Avenue, Lakewood, New Jersey 08701
(908) 905-3000 Fax: (908) 367-6666

Distributed in Israel by
C.I.S. International (Israel)
Rechov Mishkalov 18
Har Nof, Jerusalem
Tel: 02-538-935

Distributed in the U.K. and Europe by
C.I.S. International (U.K.)
89 Craven Park Road
London N15 6AH, England
Tel: 01-809-3723

Cover design: Deenee Cohen
Typography: Devorah Rozsansky

ISBN   1-56062-174-5 hard cover
         1-56062-204-0 soft cover

Library of Congress Catalog Card Number 92-073909

PRINTED IN THE UNITED STATES OF AMERICA

לזכר עולם אבותי וזקני ז"ל

לזכר נשמות

הר"ר יעקב מאסטער הי"ד
ורעיתו ברכה רבקה בת הרב ר' יוסף יוזפא רב
דומ"ץ מטיכיב ושו"ב ממעליץ זצ"ל

◆

לזכר נשמות

הרה"ג ר' אשר ישעיה רובין הי"ד הרב מרדיחיב
וזו' הרבנית שינדל רבקה הי"ד

◆

לזכר נשמות

הרב הצדיק האדמו"ר מיאבריב ר' שרגא פייוויש הי"ד
וזוגתו הרבנית מרים רחל הי"ד
לגזע בעלז ראפשיץ קאזשניץ עד הבעל שם טוב זי"ע

◆

לזכר נשמות

הרב הגאון ר' יצחק שאפירא זצ"ל
וזוגתו הרבנית העניטשא בינה ע"ה
מגזע בעלז ראפשיץ ר' מעדלי מרימאניב זי"ע

לזכר עולם אבותי וזקני ז"ל

לעלוי נשמות

ר' יצחק צבי ב"ר שלמה זלמן הלוי ז"ל

למשפחת גארניש

❖

לעלוי נשמות

ר' שלמה זלמן ב"ר יצחק צבי הלוי ז"ל
מרת חיה בת ר' מנחם מענדל ז"ל

למשפחת גארניש

❖

לעלוי נשמות

ר' ישראל יצחק ב"ר אלכסנדר זיסקינד ז"ל
מרת דבורה בת ר' ידידיה

למשפחת עלקאן

RABBI M. STERN
RABBI OF CONG. K'HAL YESODE HATORAH
FORMERLY CHIEF RABBI OF DEBRECEN
1514 – 49TH STREET
BROOKLYN, N. Y. 11219
851-5193

משה שטערן
אב"ד דעברעצין נויהייזל יצ"ו
בעהמ"ח שו"ת באר משה ז"ח
בלאאמו"ר הרא"ש, בעמ"ח ספרי גפי אש ומליצי אש וש"ס
ברוקלין יע"א

בעזהי"ת

אין די מילין בפי להלל ולשבח מעשה ידי אומן נפלא
בהלכה מסובכה הל' רבית ה"ה מחו' הרב הגאון
המופלא ומופלג בהפלגת חכמים ונבונים חריף
ובקי נפלא ירא וחרד לדבר ה' כש"ת מו"ה ישראל
גארניש שליט"א רב ופוסק בפלעטבוש יצ"ו שקיבל על
שכמיו אחריות גדול הלכות ובירורין בדרך הישר
בהל' השכיחין וכמעט מעשים בכל יום ולצערינו
הרבה נכשלין והוא בכחו הגדול עשה יסודות
מובנים ואת המעשה אשר יעשון ואשרי לו ואשרי חלקו
שזכה לכך ומדזכה לנפשי' רוצה גם לזכות את
הרבים ולהעלותן על מכבש הדפוס כדי שימצאו בכל
בתי מדרשים ובבית ת"ח ורבנים שידעו הדק
היטב את אשר לפניהם וצלח ורכב על דבר
אמת.
ועז"ז בעה"ח א' לס' שמות שנת תשנ"א לפ"ק
פה ברוקלין יצ"ו מחותנו משה שטערן אבד"ק דעברעצין יצ"ו

בעזהי"ת

אין די מילין בפי להלל ולשבח מעשה ידי אומן נפלא בהלכה מסובכה הלכות רבית ה"ה מחו' הרב הגאון המופלא ומופלג בהפלגת חכמים ונבונים חריף ובקי נפלא ירא וחרד לדבר ה' כש"ת מו"ה ישראל גארניש שליט"א רב ופוסק בפלעטבוש יצ"ו שקיבל על שכמיו אחריות גדול הלכות ובירורין בדרך הישר בהלכות השכיחין וכמעט מעשים בכל יום ולצערינו הרבה נכשלין והוא בכחו הגדול עשה יסודות מובנים ואת המעשה אשר יעשון ואשרי לו ואשרי חלקו שזכה לכך ומדזכה לנפשי' רוצה גם לזכות את הרבים ולהעולתן על מכבש הדפוס כדי שימצאו בכל בתי מדרשים ובבית ת"ח ורבנים שידעו הדק היטב את אשר לפניהם וצלח ורכב על דבר אמת.

ועז"ז בעה"ח א' לס' שמות שנת תשנ"א לפ"ק
פה ברוקלין יצ"ו מחותנו משה שטערן
אב"ד דעברעצין יצ"ו

RABBI J. ROTH
1556 - 53rd Street
Brooklyn, N.Y. 11219
—
Tel. (718) 435-1502

יחזקאל ראטה
דומ״ץ
רב דקהל יראי ד׳
באָרא פּאַרק, ברוקלין, נ.י. יצ״א

קוויתי לשבור כן ירבה וכן יפרוץ תע״א

הן הי לעשות זיך חיבור נפלא על עניני רבית אשר יצא דרך הדפוס היום
אתקבלא אול תי ורב פעלים וכשרוני ומרום אמר אליהו רב ומו״צ פה עיר כריזין
פלעטבוש ומען מחכי ורבני כולל כית תלמוד להוראה,

ההוא אתא ומתניתא בידי לבאר כל עניני שאלות ובפרט שלות חדשות
העולדים עם לפי מהלכי המסחרים הנוהגין כהיום הברית אתו אתו דלא
בידי ההלכות וראית שהוא בסדר טוב ונכון לדבר מאד מועיל פלא, ונעשה
בסדר טוב לקהל ולמצוא כסדר נכון, ולישא וליתן בסברא ישרה לאור
ההלכה, ובודאי שוחרי תורה יראו וישמחו להראותו להכניס לביתם כרכה
זו. וראוי לשבח מעשיה כי מעשה אומן מופלא הוא.

ומצד ראוי לתמוך ביד המחבר הנ״ל בכל היכולת שיוכל להוציא לאור
פעלו הטוב להיטיב ולהרבות גבול התורה להגדילה ולהאדירה אמן

הכ״ד לכבוד רבנן ותלמידתן העוסקים בתורה
הק׳ יחזקאל ראטה

בעז״ה לסדר כן ירבה וכן יפרוץ, תש״א

הן היה למראה עיני חיבור נפלא על עניני רבית מאת ידיד הרב הגאון המפו׳ לתהלה איש חי
ורב פעלים כמו״ה ישראל גארניש שליט״א רב ומו״צ פה עיר ברוקלין פלעטבוש יע״א מחכמי
ורבני כולל בית תלמוד להוראה.

ההוא אתא ומתניתא בידי׳ לבאר כל עניני שאלות ובפרט שאלות חדשות הנולדים לפי
מהלכי המסחרים הנוהגין כהיום ועברתי אתו עמו על כל פרטי ההלכות וראיתי שהוא דבר מאד
מועיל עושה פלא, עבודה נפלה עבד לקבץ ולסדר בסדר נכון. ולישא וליתן בסברא ישרה לאור
ההלכה, ובודאי שוחרי תורה יראו וישמחו להראותו להכניס לביתם ברכה זו. וראוי לשבח מעשיה
כי מעשה אומן מופלא הוא.

ומצד ראוי לתמוך בידי המחבר הנ״ל בכל היכולת שיוכל להוציא לאור פעלו הטוב להיטיב
ולהרבות גבול התורה להגדילה ולהאדירה אמן.

הכוה״ח לכבוד רבנן ותלמידתן העוסקים בתורה
הק׳ יחזקאל ראטה

אברהם פאם
RABBI ABRAHAM PAM
582 E. 7th STREET
BROOKLYN, N.Y. 11218

בס"ד ט"ז שבט תשנ"א

הרב הגאון כש"ת ר' ישראל גארניש שליט"א, בענות רוחו, הראה לי את ספרו על הלכות ריבית שמכין לדפוס לעיין בו ולחוות דעתי. הנה עיינתי בו קצת זעיר שם זעיר שם, וראיתי כי הוא ספר יקר ונחוץ שיש בו תועלת רבה להסיר מכשול מרבים. הספר מקיף הרבה שאלות הנוגעת למעשה. ורבים הם השואלים ומבקשים דבר ד' זו הלכה, כי יראים הם פן יכשלו ח"ו באיסורי ריבית החמורים. ויש שנכשלים מפני שאין עולה על דעתם שדבר זה צריך שאלת חכם.

ע"כ כדי לזכות את הרבים ולמען יהי' דבר השוה לכל נפש השכיל הרה"ג המחבר לסדר את ספרו בשפה המדוברת במדינתנו ובדרך שאלה ותשובה, להקל על המעיין למצוא חפץ ולדעת את המעשה אשר יעשה.

ובכן, יה"ר שיזכה להפיץ מעינותיו חוצה, וחפץ ד' בידו יצלח להורות לרבים דבר ד', מתוך מנוחת הנפש ושמחת לבב, ברוב עוז ושלו'.

החותם בכל חותמי ברכה,
אברהם יעקב הכהן פאם

ב"ה

RABBI SIMON SCHWAB
736 WEST 186TH STREET
NEW YORK, N. Y. 10033

STUDY: 923-5936
RES: 927-0498

שמעון שוואב
רב דק"ק
קהל עדת ישרון
נאא־יארק, נ. י.

10 Teves 5751
December 27, '90

Rabbi Yisroel Gornish
1421 Avenue O
Brooklyn, NY 11230

Dear Rabbi Gornish לאי"ט:

I have never given a הסכמה on a ספר of פסקי הלכות.
Especially as far as your ספר is concerned my conscience does
not permit me to express an opinion on a subject I am not
familiar with.

I can only wish with all my heart that the
tremendous effort which you have made to strengthen the
observance of the enormous איסור ריבית shall be richly
rewarded by arousing the consciousness of your readership
especially after your ספר has received the well-deserved
גדולי הפוסקים of הסכמות.

Wishing you great הצלחה in your sacred undertaking, I
am

Sincerely,

Rav Simon Schwab

Table of Contents

Acknowledgments

I wish to take this opportunity to thank all who have a share in this work.

אודה לשי"ת whose *hashgachah pratis* has been clearly evident to me from the moment I entered into the world of Torah. It is impossible for one who is not worthy to even give thanks to השי"ת for the infinite *tovos* and *brachos* He has showered upon me, let alone praise Him. My *tefillah* is that He continue to help and guide me in Torah and *yiras shamayim* so that in some minute measure I may be a source of *nachas* to Him.

I wish to express my gratitude to a person of unusual qualities, my *chavrusa* with whom I learned *Hilchos Ribbis*, Horav Hatzaddik Hagaon R' Shmuel Zev Lichter שליט"א, Krasna Rav. His insights and encouragement were instrumental in the writing of this *sefer*. My entire association with him has been one of elevation and a continuous striving for *halachic* accomplishment. בעזהשי"ת, may our relationship continue for many years.

I am most grateful to Horav Hagaon Hatzaddik R'
Yecheskel Roth שליט"א, Karlsburger Rav, one of the well
known *poskim* of our times, for the closeness he has
exhibited towards me for these many years. He is always
available for me and, in fact, we had a number of meetings
in which I reviewed almost this entire work. During these
talks I was able to benefit from his probing questions,
original ideas and *psak halachah*. It has been my good
fortune to be connected for a number of years with his *kollel*
Beth Medrash L'Torah V'horoah which is comprised of
experienced and capable *rabbanim* who devote all of their
time to Torah and *avodah*. I am currently a member of his
recently established *beis din*. May השי"ת grant him many
long years to continue his work in *harbotzas Torah* and
psak halachah.

I also had the pleasure of a number of sittings with
Horav Hagaon R' Moshe Silberberg שליט"א, author of the
sefer on *ribbis*, וחי אחיך עמך. Horav Silberberg is a *talmid
chacham* of the highest caliber and a veritable expert in the
laws of *ribbis*. Our discussions covered many *sheilos* and I
greatly benefited from his expertise and knowledge. Many
of the questions in this work were suggested by him.

I wish to express my appreciation to C.I.S. Publishers.
I truly enjoyed the extremely pleasant working relationship
with Rabbi Reinman and all of his staff who were involved
in this work. I would like to add a special not of appreciation
to Typographer Devorah Rozsansky for her intelligent and
highly professional handling of the entire project.

It is surely appropriate to express the *hakoras hatov*
that I so deeply feel for my parents. In those days when
there were virtually no Torah institutions in Philadelphia,
my father ז"ל had the foresight and vision to be involved in
and supported the first day school in Philadelphia. And so
he was the president of that institution for many years.
Later, when the Philadelphia Yeshivah was founded, he
became intimately involved and became its president until

his passing. It was with this same dedication that my father ז״ל built a *Torahdike* home. As such his understanding was the initial catalyst for all of my future achievements in Torah study. Although it is impossible to repay such a gift, it is my hope that at least in some small way, his *neshamah* has some bit of *nachas* from me and that some degree of *kibbud av l'achar missah* is being fulfilled.

My mother תליט״א (יבמחל״ח) is a woman of charity. She has been a constant source of support both moral and financial. From the time of my marriage when I entered *kollel* until now my mother has always been there for me, my wife and children, being ready to offer help in any capacity. May השי״ת grant her many years of health and *nachas* from her children, grandchildren and great grand-children.

My in-laws, Harav Mosher Muster שליט״א and his *rebbetzin*, who are descendants of the illustrious Belzer Dynasty and other great צדיקים, have been most supportive throughout the years. May השי״ת grant them many years of health and *nachas* from their children, grandchildren and great-grandchildren.

Last but not least, I must make mention of my *rebbetzin*. For over twenty-five years (בלע״ה) she has been the driving force behind my learning. From the beginning, her desire was to have a *Torahdike* house which revolved around learning Torah. No matter what the inconvenience, learning Torah came first. To achieve this end, she took upon herself to work in order that I be free to learn, and it still working to this very day. *Baruch Hashem, Hakadosh Boruch Hu* has showered us with His *brachos*. May my *rebbetzin* and I see *Yiddishe Torahdike nachas* from all our children and grandchildren and may the strength of *limud haTorah* be a *zchus* for the coming of משיח צדקנו בב״א.

Rabbi Yisroel P. Gornish
אלול תשנ״ג

Preface

This volume is not intended as a definitive work on the subject of *ribbis*, the prohibition against lending money at interest. Those who wish to undertake an in-depth study of this subject will find a number of excellent *sefarim* in Hebrew readily available, many of which are mentioned throughout this work. The purpose of this work is to create an awareness of the existence of this *issur* and to familiarize the reader with some of the many practical applications that frequently arise in the course of daily life. This is of particular importance to someone who is in business, where questions of *ribbis* present themselves with surprising frequency. Indeed, the last will and testament of the author of *Chavas Daas* (one of the basic commentaries and *poskim* on this subject) states that one should not enter the field of business if one isn't fully knowledgeable of all the laws involved. (*Sefer Nachlas Yaakov*)

To this end, we have arranged a series of questions and

answers under general categories which are relevant to everyone, from the housewife to the *yeshivah bachur* to the businessman. The questions and answers represent only a small sampling of the subject matter, and the reader must therefore understand that there are numerous possibilities that have not even been touched upon in this work. It is my fervent hope that this work will encourage the reader to ask the proper *shailos* to a competent *rav*.

The reader is cautioned that although the questions posed here are all answered and the sources or reasons quoted, not all similar situations are exactly the same, and parallels may only be drawn by an expert in the field. Slight, seemingly insignificant differences in a particular situation might call for a radically different *psak* in superficially similar circumstances. For this reason, this work should not be taken as *psak halachah* even in cases that may seem identical to the situations discussed. It is rather a guide and preface to the subject in general, and I therefore reiterate that all questions be addressed to a competent *rav*.

The Rambam (הל' מלוה ולוה פ"ד ה"ב) writes that one who lends money for interest transgresses six negative commandments: 1. לא תהיה לו כנושה. "Do not be as a creditor towards him." (*Shemos* 22:24) 2. את כספך לא תתן לו בנשך. "Do not give him your money for [advanced] interest." (*Vayikra* 25:37) 3. ובמרבית לא תתן אכלך. "And do not give him food for which he will have to pay [accrued] interest." (*Vayikra* 25:37) 4. אל תקח מאתו נשך ותרבית.[1] "Do not take from him [advanced] interest or accrued interest." (*Vayikra* 25:36) 5. לא תשימון עליו נשך. "Do not take interest from him."

---

1. The word נשך (lit. to bite) implies prepaid interest. The word מרבית (lit. to increase) implies accrued interest. (Bava Metzia 60b)

(*Shemos* 22:24) 6. לפני עור לא תתן מכשול. "Do not place a stumbling block before the blind." (*Vayikra* 19:14)

The borrower transgresses two negative commandments: 1. לא תשיך לאחיך. "Do not deduct advance interest from your brother." (*Devarim* 23:20) 2. לפני עור לא תתן מכשול. "Do not place a stumbling block before the blind." (*Vayikra* 19:14)

Co-signers and witnesses who sign on the loan transgress the negative commandment of לא תשימון עליו נשך. "Do not impose interest upon him." (*Shemos* 22:24)

A broker, or whoever else is instrumental in effecting the loan, transgresses לפני עור לא תתן מכשול. "Do not place a stumbling block before the blind." (*Vayikra* 19:14)

In addition, the *Shulchan Aruch* (סי' ק"ס סעי' ב') (*Be'er Hagolah*) derives from Rava's words (ב"מ סא:) that whoever charges *ribbis* is considered to have denied the great miracles of the Exodus from Egypt. It is also apparent from Rav Yosi's words (ב"מ עא.) that whoever charges interest is considered to have denied the existence of the G-d of Israel; and from Rav Shimon ben Elazar's words (ב"מ עא.) it is evident that whoever charges *ribbis* will see his property dwindle and vanish.

A sincere person experiences trepidation, if not sheer fright, at the awesome implications of the above paragraphs. However, the problem persists in that even if one is aware of the severity of the transgression, he is not necessarily aware that a problem of *ribbis* exists in his particular circumstance.

The fact is that the subject of *ribbis* is very extensive and complicated, and the possibilities of actually violating this *issur* are numerous. There are many instances where a person has no idea that he is involved in *ribbis*— a situation we hope this work will correct to some degree.

Besides the lack of familiarity with the intricacies of

the laws of *ribbis*, many people are unfortunately not aware of the severity of this *issur*, certainly not equating it with eating pork. The Taz (סי׳ קס״ח קס״ט סקל״ו) writes that so many have shamelessly involved themselves in lending at interest, without giving it a second thought, that it is doubtful they would choose a permissible way to earn the same profit, even if it existed.

I hope this work will in some measure instill the seriousness of this prohibition into Jewish hearts and awaken people to the numerous possibilities of the pitfalls.

The Torah commands us (*Shemos* 22:24) to give interest-free loans to fellow Jews—an act of kindness of the highest degree.[2] If we would always be able to fulfill this *mitzvah* in its simplest form without availing ourselves of legal loopholes in order to make profit, there is no

---

2. איתא במס׳ ב״מ ע״א-תני רב יוסף אם כסף תלוה את עמי את העני עמך עמי וכנעני
עמי קודם, פשיטא, ומשני לא צריכא דאפילו לכנעני ברבית ולישראל בחנם, ע״ש.
ומביא החפץ חיים זצ״ל בספרו אהבת חסד (פרק ה׳) להלכה וז״ל ואפילו אם הכנעני
רוצה ליתן לו רבית והישראל בחנם ג״כ ילוה לישראל ואין חילוק בין אם הלוה עני או
עשיר הואיל והוא צריך לפרנסתו דאם הישראל הלוה רוצה ג״כ להלותם חייו קודמין .
ואם עיקר פרנסתו הוא ע״י הלואת כנעני ברבית חייו קודמין. ומיהו היכא דבא עני . .
צריך לחם ורוצה ללות ולקנות לחם ודאי הוא קודם כ״כ בספר אגודה . . .
ודע דבדין זה שאמרנו דיקדים לישראל בחנם מלכנעני ברבית נחלקו הגדולים בזה
י״א דאפילו אם ילוה לכנעני יהיה הריוח מרובה ג״כ הצריכה התורה להלות לישראל
בחנם אם היה ההלואה בכדי שיעור השגת ידו לזה דהא אין לו הפסד בזה שילוה
לישראל כי המעות ישובו אליו בחזרה ורק מניעת הריוח על עת ההיא וגם אין פרנסתו
בכך וכנ״ל. וי״א דדוקא היכא שהריוח הוא מועט אבל אם הריוח הוא מרובה אינו
מחויב בזה וכן משמע קצת מתשובת רמ״א סי׳ י׳ ע״ש. ודע עוד דה״ה לענין מכירה ג״כ
הצריכה התורה כשיהיה לישראל דבר מה למכור ונזדמן לפניו ישראל וכנעני ימכור
לישראל וכן ה״ה לענין לקנות לקנות דכתיב וכי תמכרו ממכר לעמיתך או קנה מיד
עמיתך ואיתא בספרא אם באת למכור תמכור לישראל חבירך וכן אם באת לקנות
תקנה מישראל חבירך . . .
ואפילו אם הכנעני מוסיף מעט יותר על המקח אפ״ה מוטב למכור לישראל בפחות
וכן ה״ה לענין קנין מוטב יותר שיקנה מישראל מישראל אפילו אם יצטרך להוסיף
מעט יותר (רמ״א בתשובה הנ״ל). ע״ש עוד בדבריו הקדושים.

question that we would merit the abundance of blessings in store for those who fulfill this *mitzvah*—as explained in the Chafetz Chaim's classic work, *Ahavas Chessed.*

May Hashem not only shower kindness on those who show kindness, but also, measure for measure, pour out His love, compassion and kindness for all *Klal Yisrael.*

כ ל המקבל עליו עול מצות רבית
מקבל עליו עול מלכות שמים
וכל הפורק ממנו עול מצות רבית
פורק ממנו עול מלכות שמים.

(ילקוט שמעוני, פרשת בהר, תרסו)

Whoever accepts upon himself the yoke of the *mitzvah* of *ribbis*, accepts upon himself the yoke of the kingdom of Heaven; and whoever removes from himself the yoke of the *mitzvah* of *ribbis*, removes from himself the yoke of the kingdom of Heaven.

(*Yalkut Shimoni, Parshas Behar*)

1

The Meaning
of Ribbis

Ribbis is the prohibition of lending money with interest. It makes no difference if the loan is a written document (e.g., an I.O.U.) and signed by witnesses or an oral loan without witnesses. As was explained in the Preface this is a biblical injunction. However, not every case is prohibited biblically (*issur d'Oraisa*); many instances are only rabbinically prohibited (*issur d'Rabbanan*).

If at the time of the loan the parties define and specify exactly how much additional money will accompany the repayment of the loan then this constitutes a biblical prohibition. This is called *ribbis ketzutzah*, meaning defined and specific. This type of *ribbis* is subject to a *din Torah*, i.e. the additional monies may be recovered in a Jewish Court of Law.[1]

One may ask if this applies only to a tangible loan or even to an intangible one. For instance, when the loan is

---

1. ש"ע יו"ד סי' קס"א סעי' ה'

due and the borrower doesn't have the necessary funds for repayment, may he offer to pay the lender a greater sum if the lender will extend the payment date? This is discussed in Chapter Four.

Another feature of *ribbis ketzutzah* is that the repayment of interest must be from the borrower to the lender.[2] What if the lender orders the borrower to pay the interest to a third party? This is also discussed in Chapter Four.

Avak Ribbis (lit. dust *of ribbis*) is prohibited rabbinically. There are many types of *avak ribbis* and their common denominator is that it was not specified (*ketzutzah*) at the time of the loan. Monies paid in a situation of *avak ribbis* cannot be recovered in a *din Torah*.[3]

An example of *avak ribbis* is when the borrower pays additional monies to the lender which were not specified or expected at the inception of the loan.[4] The same applies if the interest is not guaranteed. For instance, if the payment of interest is forthcoming only in the event that certain conditions are met. This is known as צד אחד ברבית.[5]

---

2. מס' ב"מ (ס:) ורש"י ד"ה לרבית דאורייתא. ורש"י ערכין (לא.) ד"ה ואינו.

3. סי' קס"א סעי' ב'. וכתב הלבוש הטעם שלא החמירו כל כך ברבית דרבנן.

4. ש"ע סי' קס"ז סעי' ב, ט"ז סק"ד וש"ד סק"ז ועיין גם ק"ס סעי' ד', קס"א סעי' א', ב', ג', ד'.

5. מחלוקת היא בגמ' ס"ג בין ר' יהודה ורבנן בנושה בחברו מנה ועשה לו שדהו מכר שלחכמים אין זה מותר רק אם המוכר אוכל פירות אבל לא אם הלוקח אוכל שאם יפרע הלוה חובו לא יבא לידי מכר ונמצא המלוה אוכל פירות ברבית. אבל ר' יהודה מתיר אפילו כשלוקח אוכל פירות ומפרש רש"י שהצד אחד של היתר אפשר שיהא מכר ולא יהא לצד הזה רבית כלל. ונמצא שהמלוה שהוא הלוקח אוכל משלו ומפני שבשעת פסיקה לא היה ברור אם יהיה רבית אע"פ שבשעת הפרעון כבר יודעים שזו הלואה וזו רבית מ"מ אין זה קציצה ברורה. ומחמירים כרבנן.

יש חילוקי דעות בין הפוסקים אם צד אחד ברבית אסור מן התורה או רק מדרבנן. הבית יוסף מבין דעת התוס' (ס"ג) שלפי הרבנן קצוצה היא. וכן פוסק בש"ע סי' קע"ד סעי' א' לפי הבנת הט"ז שם ס"ק א'. אבל בשו"ת הרשב"א ח"ב סי' קע"ד סבר דהוא מדרבנן. וכ"כ הט"ז (שם) בשם הר"י קרקוזא. ועיין בברית יהודה פ"ג סעי' ט"ז וס"ק כ"ט, ל', באריכות.

בדין צד אחד ברבית ברבית דרבנן עיין שו"ת מהרש"ג ח"א יו"ד סי' ע"ח שיוצא מדבריו שאין שם רבית כלל.

The Torah forbids any *ribbis* which is connected to a loan. *Ribbis* arising from business dealings which are not loans are *avak ribbis*. If someone owed a business debt and the parties decided at one point to consider it a loan payable with interest, is this *ribbis ketzutzah* or *avak ribbis*? The fact is that this is considered as a new loan, and as such, it is *ribbis ketzutzah*.[6]

Other aspects of *avak ribbis* connected with business are discussed in Chapter Two.

Ribbis mukdemes and *ribbis meucheres* are also rabbinically prohibited. *Ribbis mukdemes* refers to *ribbis* given in advance of the loan (pre-loan). *Ribbis meucheres* refers to *ribbis* given sometime after the loan has been repaid (post-loan).[7] One example of *ribbis mukdemes* is if someone does particular favors for his friend or gives him gifts with the specific intent of procuring a loan from that person. The same applies after the loan was completely terminated, if the favors or gifts were given because of the loan. *Ribbis mukdemes* and *ribbis meucheres* are also rabbinically prohibited but are less severe then *avak ribbis* in that there is no obligation to reimburse the *ribbis*, even "to satisfy Heaven" (לצאת ידי שמים).[8] The actual period of time one must wait after the loan is repaid so that a

6. ש"ע הרב סי' ד. חו"ד סי' קס"ו ביאורים סק"ד.

7. ש"ע סי' ק"ס סעי' ו'. ומה דאיתא שם במחבר ה"ז "אבק רבית" לאו דוקא קאמר כדאיתא שם בחידושי רע"א. דאבק רבית צריך להחזיר לצאת ידי שמים משא"כ רבית מוקדמת ומאוחרת שאפילו לצאת ידי שמים אין צריך להחזיר כדאיתא סי' קס"א סעי' ב' בהגה.

8. רמ"א סי' קס"א סעי' ב' משו"ת הרשב"א. והטעם כיון שהלוה נותנו לו מתנה מדעתו בלי שום התחייבות כלל. או אחר שכבר פרעו ואין עליו שום חוב אז הוי מחילה מדעת שלימה.

9. בש"ך סי' ק"ס סק"י כותב שמאוחרת היא בנתן לו בסמוך לאחר שהחזיר לו מעות אבל במופלג הרבה. מהלוואה מותר בסתם אפילו במתנה מרובה ע"ש אבל אינו מבאר מהו במופלג הרבה.
ובדר"ת שם סק"לז מביא בשם ספר מרבה תורה דכל אותו היום מקרי מיד ובהפסק

special favor will not be considered *ribbis meucheres* is a matter of dispute among the *poskim*.[9]

Another type of *ribbis* is *ribbis devarim* (lit. *ribbis* of words). An example of *ribbis devarim* is if at the time of the loan or when the loan is repaid, the borrower adds certain statements of blessings or praise from which the lender benefits in spirit. (See Chapter Five for a fuller understanding of this type of *ribbis*.) There is a difference of opinion among the *poskim* as to whether this *ribbis* is prohibited biblically or rabbinically. (See footnotes to introduction of Chapter Five.)

1   If one gave a loan with interest of less than a penny has he committed the transgression of the prohibition of interest?

—Yes, and it is *ribbis ketzutzah*.[10]

2   A lender of money has a reputation of only lending with interest. If one borrows money from him and no mention of interest is made, is it biblically prohibited or rabbinically prohibited, if at the time of payment the lender demands interest?

—It is *ribbis ketzutzah*. Since the borrower borrows according to the custom of the lender, it was

---

יום אחד כבר נחשב מופלג הרבת.

אבל בשו"ת שבט הלוי חלק ג' סי' ס"ח נשאר בצ"ע בדברי הדר"ת. וכותב שלו נראה דהעיקר אם היה להם מו"מ ביניהם בעניך אחר ורק אח"כ שלח לו דורון זה לא הוי מחמת הלואה ויש לסמוך על זה ביום שני או מופלג הרבה בזמן גם בלי זה ע"ש. אמנם בש"ך הנ"ל כותב שאם פירש שהמתנה בשביל ההלואה אפילו מועטת אסור אפילו מופלגת הרבה ע"ש.

10. סי' קס"א סעי' א'-ואפילו בפחות משוה פרוטה יש איסור רבית-טור בשם רמ"ה תשזה איסור רבית דאורייתא. אבל היד אברהם כותב שנראה לו כדברי הרא"ש והטור בשם הר"י שליכא איסור דאורייתא. ועיין שם בפרישה שמסביר השיטות.

understood from the outset that there would be interest involved.[11]

3 Although monies already paid out in a case of *avak ribbis* are not subject to a *din Torah*, is there, nevertheless, a reason to voluntarily return the *ribbis* in order "to satisfy Heaven" (לצאת ידי שמים)?

—Yes. According to most *poskim*.[12]

4 Where the loan was based on *ribbis*, may the borrower at the time of payment say that he is not paying interest, rather he is giving extra money as a present wholeheartedly?

—No. It is forbidden and is considered *ribbis ketzutzah*. The reason is that most people in business are more than happy to pay for a loan and willingly give the money as a gift. Still, this is exactly what the Torah forbids.[13]

5 If a person paid *ribbis ketzutzah*, may he forgive (מוחל) the lender the return of the *ribbis* payment?

—Yes. It is one's prerogative to forgive a thief from returning what he stole.[14]

---

11. חות דעת סי' ק"ס בביאורים סק"ח. והובא גם בשו"ת מהרש"ג יו"ד ח"א סי' נ"ב.

12. ש"ע סי' קס"א סעי' ב' כדעת רוב ראשונים. ועיין בחכ"א כלל קל"ג מבואר דלחמורא נותן לצאת ידי שמים. ועיין תוס' ד"ה תניא היא (סב.) ובב"ק ד"ה אי עשה תשובה (צד:) שאפילו לצאת ידי שמים אינו חייב ופליגי על הריב"ן שמחייב לצאת ידי שמים. מ"מ כבר נפסק בש"ע שחייב לצאת י"ש.

13. ש"ע סי' ק"ס סעי' ה'. עיין ש"ך סק"יג דאנן סהדי דמשום שהלוה לו נותן לו במתנת. ועיין רא"ש סי' ב' שסתם רבית שנותנים הסוחרים ועובדי אדמה שצריכים תדיר ללוות נותנים אותו במתנה גמורה בלב שלם כדי שימצאו תמיד ללוות ואפ"ה אסרה תורה.

14. ש"ע ק"ס סעי' ה'-עיין פרישה שמועיל רק לפוטרו מגזל אבל אינו מתקן ע"י זה את הלאו שעבר עליו בשעת לקיחת הרבית. אמנם בספר התרומות (ח"ד סי' ד') כתב דמתקן הלאו ע"י מחילה וכן משמע בביאור הגר"א.

6 Is *ribbis mukdemes* or *meucheres* forbidden even in a situation where the *ribbis* is only a *d'Rabbanan?*

—Yes.[15]

‫15. חכ"א כלל קלא סעי' ה' דאסור אפילו ברבית דרבנן.‬

2

Parties of the Prohibition

It was mentioned in the Preface that other parties aside fom the lender and borrower can also be involved in the prohibition of *ribbis*. This includes the witnesses and the guarantor.[1] This chapter explores situations where these other parties fall into this prohibition.

7

Reuven asked Shimon to lend Levi money, which Shimon agreed to do, on the condition that it be repaid with *ribbis*. Since Reuven acted only as an unpaid broker for the loan, did he transgress any prohibition?

—He transgressed the prohibition of לפני עור לא תתן מכשול. "Before the blind do not place a stumbling block." (See Introduction.) This applies to anyone

---

1. סי' ק"ס סעי' א'. בש"ך סי' קס"א סק"יז כתוב שהעדים לא נפסלו אפילו ברבית דאורייתא דלא תשימון עליו נשך לא משמע לאינשי אלא בלוה ומלוה כן כתבו התוס' והרא"ש ורוב הפוסקים וכן נראה דעת המחבר בח"מ סי' ל"ד ור"ס נ"ב ע"ש.

who aids either of the parties involved in a loan with interest.[2]

8 Is there any prohibition for one merely to draw up the papers?

—Yes. This is essentially today's version of the scribe who would write out the entire document by hand. A scribe is also forbidden by the *poskim* to write the loan agreement.[3]

9 Is a secretary permitted to type a loan agreement which includes *ribbis*?

—If she is working for religious people who are aware of the prohibition of *ribbis*, and she has no suspicions to the contrary, then she can assume that a *heter iska* is in effect.[4] (See Chapter Thirteen for explanation of *heter iska*.) However, if she has reason to believe that there is no *heter iska*, and certainly where the parties involved don't care about the problem, she is forbidden to type such papers.[5] See previous question.

10 Is there any prohibition of *ribbis* when dealing with a non-Jew?

—No. These are laws pertaining only to Jews.[6]

11 Is it permissible to lend money with interest to a non-observant Jew?

---

2. ש"ך שם ס"ק א'.

3. ש"ך שם בשם הסמ"ג. רמב"ם הל' מלוה פ"ד ה"ב שגם הסופר עובר.

4. קובץ בית התלמוד להוראה קובץ חמישי בפסקי הלכות אות ע"ח.

5. מבואר משו"ת וחידושי מהר"י שטייף סי' ח'.

6. במשנה (ב"מ ע') לוין ומלוין מעכו"ם ברבית. וגם בש"ע סי' קנ"ט סעי' א'. והגם שהיו

—There are three possibilities:

a) An apostate who has converted to another religion. He is treated as a non-Jew in regard to *ribbis*. It is permitted to lend him money with interest.[7]

b) A Jew who transgresses the Torah for spite, or profanes *Shabbos* publicly. There is a dispute among *poskim*.[8] We follow those that forbid lending him money at interest.

c) A Jew who does not adhere to Torah law, but has really not been properly exposed or has not had the opportunity to be educated in these areas. It is certainly forbidden to lend him money with interest.[9]

זמנים שאסרו חכמים רבית לעכו"ם (וע"ש בט"ז ס"ק ב' טעם לזה) מ"מ היום הכל מותר. בש"ע התניא סעי' ע"ה, ומצוה מן התורה ליקח רבית מן הגוי ואסור להלוותו בחנם שנא' לנכרי תשיך כלומר תשיך זו מ"ע ליקח ממנו נשך ולא להלוותו בחנם כמ"ש ולא תחנם לא תתן להם מתנת חנם אא"כ הוא נכרי המכירו כמ"ש בהלכות ע"ז ועובדיה עכ"ל. וע"כ כותב החחכמת אדם (כלל ק"ל סעי' ו') שראוי לכל איש ישר הולך אם באפשר לו שימנע את עצמו גם מהלואות נכרי וישליך על ה' יהבו.

7. ש"ע התניא סעי' ע"ז-דינו כנכרי . . . שכיון שעובד ע"ז מין הוא ומורידין אותו למיתה וכיון שגופו מופקר ומותר לאבדו כ"ש ממונו ומותר לאבדו עש"ש עוד בדבריו.

8. מחבר סי' קנ"ט סעי' ב' והוא שיטת תוס' במס' ע"י שאין מצוה להחיותו ולא קרינא ביה וחי אחיך עמך וגם שיטת הרא"ש, ר"ת, רמב"ן והר"ן, וכן איתא בביאור הגר"א ס"ק ד' אע"פ שחטא ישראל הוא . . . מ"מ לאו אחיך הוא ואי אתה מצוה להחיותו וברבית האיסור משום וחי אחיך ע"ש עוד בדבריו.

אמנם יש שיטות שאוסרים להלוות לו ברבית. והם: רמ"א שם. והש"ך מביא שכן מסכימים הב"ח ותשובת הגאונים ותשובות הריף. ובש"ע התניא (ע"ח) מסביר שאע"פ שעובר עבירות להכעיס בקרב ישראל או שכופר בתורה ובנבואה מישראל שהוא מן המורידין אסור להלוותו ברבית . . . שמא יצא ממנו זרע טוב ויירשנו ואצ"ל למחלל שבתות בפרהסיא ומומר לכל התורה כולה חוץ מע"ז שאינו מן המורידין כלל.

9. ש"ע התניא (ע"ט) מומרת שיש לה בן מן הנכרי שהבן מומר כמוה ואסור אפי' להלוותו לדברי הכל לפי שהוא כתינוק שנשבה בין הכרים ואינו דומה למומר שיודע רבונו ומתכוין למרוד בו . . . ואע"פ שאח"כ שמע שהוא יהודי וראה היהודים ודתם הרי הוא כאנוס עש"ש עוד בדבריו.

12 In any of the above cases, is it permitted to borrow money from them with interest?

—It is forbidden since you are causing them to transgress the prohibition of interest.[10]

13 Do the laws of *ribbis* also apply to a corporation?

—When the majority of the stockholders are non-Jewish, the laws of *ribbis* do not apply. Moreover, it may be assumed that the majority of shareholders of public corporations are not Jewish. (See stocks, Chapter Twelve.) However, when the corporation is held by Jewish stockholders (or they comprise the majority of stockholders) then there are a number of possibilities.

a) When the corporation is the lender and the borrower is an individual the overwhelming majority of opinions is that the prohibition of *ribbis* applies.[11]

b) When the corporation is the borrower there is no problem of *ribbis*. This is due to the fact that no individual is personally liable for the loan and so in effect there is no Jewish borrower.[12] Nevertheless, some *poskim* hold that although there is no

---

10. עיין ש"ך ס"ק ג' משום לא תשיך (דהיינו שאתה גורם שיעבור שלוקח נשך מיהודי) ומשום לפני עור לא תתן מכשול (ובאמת אע"פ שחטא ישראל הוא ומצווה בכל מצות התורה).

11. ברית יהודה פרק ז' כ"ו. וגם באגרות משה יו"ד ח"ב סי' ס"ב (ובסוף התשובה).

12. אגרות משה שם. שכותב שגוף האנשים חברי הקארפאארישן אין חייבים כלום ואין על גופם שום חיוב חיוב ושעבוד ולא מצות פריעת חוב . . . שהם אין חייבים כלום נמצא שאין כאן לוה כלל אלא הביזנעס הוא הלוה שאינו שייך לחיובים מסתבר שלא נאמר ע"ז איסור רבית ע"ש. מדבריו נראה ברור שאין ענין קארפאארישן מפני שאין זה אדם אלא בריה בפני עצמו, אלא הפטור הוא שאין על האנשים הבעלים שום שעבוד או חיוב לשלם. משא"כ אם הקאארפאארישן הוא המלוה שנמצא שמשלמים רבית לבעלי הקאארפאארישן וזה אסור. ועיין גם בברית יהודה שם כ"ה.

biblical prohibition of *ribbis*, a rabbinical prohibition does exist.[13]

Based on the above, it is recommended as the preferred method to draw up a *heter iska* even when the corporation is the borrower.

14 Is there any special *heter* for an incorporated Jewish free loan *gemach*, which is communally funded, to lend money for interest in exceptional extenuating circumstances (e.g. to enable itself to continue operating)?

—A *gemach* falls under the category of a corporation and as such should not lend money for interest without a *heter iska*. (See previous question.)[14]

15 May a *gemach* add a service charge for each loan if the purpose of this charge would be to cover overhead such as secretarial expenses, stationary, postage, etc.?

—Yes, it is permitted to charge for the costs of providing a loan. The charge should not be based on the amount of the loan. (See Questions 140, 141, 143, 144.)

---

13. שו"ת מהרש"ג יו"ד סי' ג', שו"ת מנחת יצחק ח"ג סי' א' הובאו בברית יהודה שם סק"סו. ועיין שם שמביא גם משו"ת חלקת יעקב ח"ג סי' ק"צ ומה שמשיב עליו.

14. פשוט-ואין צריך לומר אם זה גמ"ח פרטי.

3

The Point of Transgression

The prohibition of "do not impose interest upon him" is in effect at the moment the *ribbis* is specified at the time of the loan.[1] As such, the borrower also transgresses immediately, since he is the cause of the lender's transgressing. However, the prohibition of "do not take interest from him" does not come into effect until the interest is paid.[2]

---

1. מבואר בגמ' ב"מ (ס"מ וס"ב) לפי דברי תנא קמא דשומא מילתא היא והלכה כמותו לפי
שו"ת הר"א ששון. שמתחיל האיסור מיד. (יש שיטה שיש רבית דאורייתא בזמן
התשלומין בהרווחת זמן כדלקמן בסמוך.) ועיין עוד במחנה אפרים הל' רבית סי' י"ח.
וכדאיתא בתוס' ב"מ (סב. ד"ה לא מאי וכו'.) דתנא קמא סבר מיד כשנכתב השטר
נגמרה השומא. ועיין בס' ברית יהודה (פרק א' סק"ג) שמביא הר"א ששון דהלכתא
כתנא קמא. ומפלפל שם אם הוא הדין ג"כ במלוה על פה–ומ"מ מסיק שלפי הר"א
ששון האיסור מתחיל מיד כשמסכימים על הרבית. וכן הוא בכנה"ג הגהות (טור סי' קס
אות ו'). מיהו בשע"ד (סי' קנט סק"א) כתב בדעת הרמב"ם דהלכה כרבי נחמיה דהלאו
דלא תשימון תלוי וקאי אם יגבה הרבית לבסוף. ואם המלוה לא יגבה הרבית אז
איגלאי מילתא למפרע שלא עבר על כלום. ועיין ברית יהודה פרק א' סעי' ז'.
2. ס' בר"י שם גם בשם מהר"א ששון.

16 Reuven offered Shimon a loan with the following condition. If Shimon repays the loan within two weeks then he will accept just the principal. However, if he fails to pay within the time limit then he must pay compounded interest at 10%. Is it permitted to enter into such an agreement when the borrower definitely intends to repay the loan within two weeks?

—Based on the above introduction, the prohibition of *ribbis* is in effect at the outset and is therefore forbidden biblically.[3]

17 A person who lent money for interest in violation of Jewish law died, and his son inherited all the outstanding debts of his father. May he collect the interest portions of those loans?

—No. By collecting the *ribbis*, the son will in effect cause his departed father to transgress the prohibition of *ribbis*.[4]

---

3. ש"ע סי' קע"ז סעי' ט"ז בהגהה וכותב שם דאע"ג דאם היה פורע לו בזמנו לא הוי כאן רבית כלל מ"מ הואיל וכתב לו ליתן לו קצבה בכל שבוע ושבוע היו רבית גמור. ועיין שם בש"ך סק"לג ובתשובת מהרלב"ח סי' ק"ג העלה שהוא רבית דאורייתא. ובתשובת מבי"ט ח"ב סי' נ"א דף כ"ז ע"ג חלק עליו שאינו אלא רבית דרבנן. ומדברי הרב והמחבר נראה שהוא רבית דאורייתא וכ"ע ג"כ מתשובות ר"א ששון ס"ס קס"ב והגם דזה נראה כצד אחד ברבית מפני שיש כאן ספק אם יהיה רבית או לא וצא"ב אינו אלא מדרבנן אבל באמת אינו כן. כי צא"ב הפשט הוא שמתחלת הענין יש ספק אם יהיה רבית או לא ואין זה תלוי בלוה אלא במצבים אחרים כגון אם יהיה רווחים יהיה רבית ואם לאו לא. ולפעמים זה תלוי בלוה ומלוה כגון אם יעשו לצד זה תהא נתינת הכספים לשם מכר מעכשיו ולא יהא איסור רבית ואם יקבעו כצד האחר יהיו הכספים לשם הלואה ויהא איסור רבית-וזה ספק מתחלה. משא"כ באופן שלנו עד שתי שבועות ודאי לא יהיה פריעת רבית רק אח"כ ואין זה צא"ב. אמנם מפני שהסכימו שיהיה רבית אחר שתי שבועות הוי איסור דלא תשימון עליו נשך.

4. עיין ברית יהודה פ"ח סק"מט-ואפילו כבר זקף האב הרבית. ומביא האמרי בינה (שו"ת ס' ב' אות ב' ד"ה אולם) שאסור ליורשים לגבות הרבית כי היכי דלא יעבור אביהם על איסור רבית, שאם בא לידי גביה עובר אביהם למפרע ואף באופן שהאב כבר גבה כל

18
If the parties transgressed and wrote up an I.O.U. with interest, is there anything the lender can do to mitigate the transgression?

—He should destroy the document so as to avoid collecting *ribbis*. However, he may collect the principal.[5]

הקרן, אע"ג שלא ירשו כלום בחוב זה והוו כמו אחר שאין לו שייכות בגוף ההלואה. אפ"ה מצדד לאסור כדי שלא יגמור הלאו אצל הלות. והדברים צריכים ביאור, ובשם קדושת יו"ט כתב שמסתפק לדעת הרמ"ה אם מותרים לגבות. ועיין עוד בסק"נ אם כבר גבו היורשים, חולקים הרמ"ה והרשב"א אם חייבים להחזיר ומביא עוד דעות בזה ע"ש.

5. ש"ע סי' קס"א סעי' י"א שטר שיש בו רבית בין של תורה בין של דבריהם גובה את הקרן לבדו ע"ש ובהג"ה וכל מי שבא לידו יקרע השטר דחיישינן שמא יגבה בו הרבית ע"ש. וזה יוצא מדברי התוס' (כל עב. ד"ה שטר.) ואם יש בזה תקנת הלאו דלא תשימון תליא בפלוגתת הראשונים בביאור סוגית הגמ' (בדף סב.) ע' ברש"י ותוס' וראשונים שם.

4

Common Situations

As was explained in the Preface and Chapter One, *ribbis* is lending money at interest. However, there are many loan situations where the *ribbis* is not apparent. Very often, the borrower does not pay any sort of interest directly to the lender, and it is therefore assumed that no problem of *ribbis* is present.

This chapter deals with instances of hidden *ribbis* in loans. Included in the discussions are credit cards, mortgages, charitable donations and other common situations where a *ribbis* situation is not readily apparent but may present a problem.

19 What is the law when the actual loan was not with *ribbis*, but the borrower needs more time and is willing to pay for an extension?

—There is a dispute as to whether it is prohibited

biblically or rabbinically, but in any event it is forbidden.[1]

20 Reuven borrowed $1,000 from Shimon for two months. At the end of one month, Reuven offers to pay $600 if Shimon will extend the time on the remaining $400 for two weeks. Is there any problem of *ribbis*?

—Since there is a difference of opinions among the *poskim* regarding this issue,[2] one is advised to avoid such a deal.

However, if this idea is proposed by Shimon (the lender) then the prohibition would seem to be clearer. The reason is that here the lender clearly states that this is a favor for him for which he is willing to extend the time of the loan.[3] (See Question 19.)

---

1. הרמב"ם (הל' מלוה פ"ז, ה"ג) פוסק שהרוחת זמן איסור דרבנן. הראב"ד חולק עליו ופוסק שהוא איסור דאורייתא והוכיח מגמ' קידושין (ו') שהאשה מקודשת בארוויח לה זימנא וא"כ נחשב כנתינה חדשה. ובש"ע סי' קס"ז סעי' ב' ובהג"ה מביא יש אומרים שאינו אלא אבק רבית ויש אומרים שהוא רבית קצוצה והוא שיאמר כן בשעת שמרוויח לו זמן. ובש"ך ס"ק ח' אומר שהסכמת רוב פוסקים שהוא רבית קצוצה. ובחו"ד ס"ק ד' כותב וה"ה בחוב של מכר כשקצץ בשעה שמרוויח לו זמן דהוי רבית קצוצה כיון שהאשה מתקדשת בזה כמש"כ הלחם משנה (הל' אישות פ"ה ה"טו) דהרוחת זמן הוי כנתינה עכשיו וא"כ בחוב של מכר כנתינה מחדש דמיא בשעה שמרוויח זמן והוי רבית קצוצה.

2. עיין ברית יהודה פרק י"א ס"ק ט"ז שמביא שם חילוקי דעות באחרונים.

3. באמת אין שייך רבית אם המלוה מקבל דבר שכבר חייב לו הלוה. וכדאיתא בשיטה מקובצת פרק איזהו נשך ע"ה (ד"ה מותר לאדם) שכותב והוי יודע שאם היה לו אצל חבירו גזל או חוב שאינו בטוח מותר להלוות לו ע"מ שיפרע לו אותו גזל או חוב שאין כאן רבית כלל דמאי דאוסיף ליה לוה מדידיה הוא דיהיב ליה עכ"ל. (ועיין בית תלמוד להוראה פסקי דינים ע"ז) וא"כ כאן בהבטה ראשונה אין המלוה מקבל אלא מה שכבר חייב לו הלות. אמנם מכיון שאין הלוה באמת חייב למלוה תוך הזמן והמלוה בעצמו גילה דעתו שזה טובה בשבילו ובשביל זאת יאריך ללוה זמן פרעון, אז נראה פשוט דאסור. ועיין בס' וחי אחיך עמך אות מ' כעין זה.

21 A father-in-law promises his future son-in-law a twenty-five thousand dollar dowry. He also agrees that if the money is not paid by the agreed upon date he will add 2% for each month of delay. Is there any problem of *ribbis*?

—No. Since there is no loan here, it is permitted. This is considered as if the father-in-law offered a present to his future son-in-law and stipulated that if he doesn't deliver this present by a certain date he will give a bigger present at a later date. This applies only when these conditions are made prior to the wedding when the father-in-law is not yet obligated to pay anything.[4] After the wedding the dowry becomes a obligation and is treated as a loan until paid.

22 What is the actual definition of *agar natar*, the basis for the prohibition of *ribbis*?

—*Agar natar* means reward for waiting. This means that since the lender must wait for a period of time before he is repaid the loan, he wishes to be paid for waiting. In other words, he charges a fee for the loan—which is interest, or *ribbis*.

23 May the lender offer to reduce the amount of the payment of the loan if the borrower agrees to repay it at an earlier date than originally agreed upon?

---

4. סי׳ קע״ז סעי׳ ט״ו וסי׳ קע״ז סעי׳ ו׳ ברמ״א. ואיתא ברמ״א שם ודוקא שהתנו כן קודם הנישואין. והטעם הוא שמיד אחר החופה נעשה עליו הנידוניא כמלוה ועיין דעת סופרים) וכל מה שיוסיף מעות יהיה רבית גמורה.
ועיין גם בברית יהודה שמביא דעות אם התחייב עצמו בקנין לפני החופה אם יכול להתנות הכי כי הוי כבר עליו החיוב לשלם. ומביא שו״ת אבני נזר וערך שי שמקילים בזה עיין שם טעמם.

—Yes. The lender has a right to forgive part of the loan or even the entire loan. This is nothing more than the lender giving the borrower a gift.[5]

24 A person repaid a loan with interest, not realizing that the entire agreement was based on *ribbis* and was prohibited. Is there anything to be done to correct the matter?

—According to the law, the lender is required to return the *ribbis*. However, the borrower may waive this payment and thereby settle the problem. Even so, they must both do *teshuvah*.[6]

25 May Reuven ask Shimon to take out a loan from his (Shimon's) bank for himself provided that Reuven will make all payments (principal plus interest) directly to Shimon's bank without involving Shimon?

—According to most authorities, this is considered *ribbis ketzutzah*, because in actuality the following is taking place: Shimon is responsible to the bank, so he is the borrower and the bank (non-Jew) is the lender. Now Shimon becomes a lender to Reuven, the second borrower. When Reuven pays back the interest directly to the bank, he is in effect paying off Shimon's debt to the bank, which is as if he would be giving the money to Shimon directly and then Shimon paying the bank. So, in effect, Reuven is actually paying the interest to Shimon.[7]

---

5. ופשוט שיכול למחול לו חובו וזה ההיפך של רבית . . .

6. סי' ק"ס סעי' ה' . . . אבל אם לקח ממנו רבית וצריך להחזירו לו מועלת מחילה לפטרו כמו בכל גזל.

7. ש"ע סי' קס"ח-קס"ט סעי' י"ז וגם סעי' א'.

26 A newly married couple is interested in buying a house. The husband has not yet established credit and so the bank will not grant him a mortgage. May he ask his father to take out a mortgage on his (the father's) name, and he (the son) will make the payments to the bank? This is a common occurrence for newlyweds. Very often the father is interested because he receives certain tax benefits. Is there any problem of *ribbis*?

—Yes. It is forbidden, being that the father is personally liable to the bank, as he must sign a mortgage note. The father is the actual borrower, and he is making a new loan to his son. Therefore, when the son makes the mortgage payments to the bank, he is actually repaying his father with interest and his father is then paying the bank.[8]

However, there is a solution. The son may transfer ownership of the house through a valid means of transfer (*kinyan*) and then pay rent to his father. Subsequently, the father may use his rental income for any purpose he wishes.

To take this a step further, it is even permissible for the son to make his rental payment directly to the bank as a mortgage payment, even though this

---

8. בהבטה ראשונה היה נראה שמותר כדאיתא בסי׳ קס״ח-קס״ט סעי׳ ל״ז שאם העכו״ם סומך על המשכון אז מותר-ולכאורה ה״ה כאן שהבית עומד למשכון בשביל המלוה, ולכן אין האב נחשב ללוה מהבנק. אמנם האמת הוא שבנוא יארק (ומסתמא כן ברוב מקומות) במארגעדזש כזה זאת אומרת לקנות בית לדירה (ולאו דוקא בקאממארשעל מארגעדזש) מחייבים הלוה גם לחתום על "מארגעדזש נאט" זאת אומרת שטר התחייבות פרטי על הלוה שמחייב עצמו בשביל ההלואה. ולכן אפילו הבית עומד להיות משכון על ההלואה מ״מ אין הבנק מחויב לקחת הבית בשביל ההלואה אם כי אם משלמים אלא יכול לילך ישר למי שהמארגעדזש על שמו דהיינו הלוה ולהשתלם ממנו. א״כ יוצא שהאב באמת הלוה מן הבנק שהוא אחראי בשביל ההלואה וא״כ הוא מלוה לבנו ובנו משלם לו רבית ולכן אסור.

payment includes principal plus interest. This is because there is no loan between father and son. The father has the right to direct his son to pay monies owed to him to whomever he wishes.[9]

The same concept applies if Reuven sells Shimon a house with an existing mortgage. As long as Reuven remains responsible to the bank for the payments (which of course include interest), it is forbidden for Shimon to take over the mortgage; in effect, Reuven is lending money to Shimon for interest while Reuven still remains the borrower from the bank.

Of course, if the father takes out the mortgage and makes all the payments and the son pays nothing, then there is clearly no *ribbis* as this merely constitutes a gift from father to son.[10]

 27 If the seller temporarily lives in the house after the closing, may he make all the mortgage payments to the bank for the new owner in lieu of rental payments?

—Yes. It is permitted, since the seller was paid in full at the closing. These interest payments to the bank merely constitute his rental payments, which are based on the monthly interest charge by the bank. Since there is no loan involved, there is clearly no problem of *ribbis*.[11]

---

9. הטעם כלפנים שאין שום הלואה בין אב לבן וגם לא היה שום קנין ביניהם שיקנה הבן את הבית. ולכן היה נכון לומר שאפילו אין הבן מחוייב לשלם דמי שכירות אבל מעצמו רוצה לשלם לבנק תשלומי המארגעדזש אין שום איסור. כי מותר לאדם לשלם חובות של חברו והבן.

10. עיין סי' קס"ז סעי' ל' בהגה גבי נדוניא.

11. פשוט.

28 Reuven wishes to purchase a washing machine, but he doesn't have the money available. His friend Shimon offers his credit card to Reuven so that Reuven can charge the purchase and make the payments on a monthly basis. Reuven undertakes to make the monthly payments directly to the credit card company, without bothering Shimon at all. May he do so?

—Definitely not. It is forbidden since Shimon is the one who is legally responsible to the credit card company, so he is actually the borrower. Shimon then becomes a lender to Reuven who is the second borrower. Therefore, even though Reuven sends his check directly to the credit card company, he is actually paying off Shimon's debt. So, in fact, it is as though he is paying principal plus interest to Shimon, with Shimon then paying the credit card company.

29 Reuven wishes to borrow money from Shimon, and Shimon takes out the money from his savings account in order to lend it to Reuven. Shimon doesn't want to be paid interest, but he doesn't want to lose the interest his savings account would be paying if the money were in the bank. May Reuven pay the interest the bank would have paid so that Shimon won't suffer any loss?

—No. It is forbidden.[12] (See question 25.)

30 Is it permitted for the borrower to pay someone a broker's fee to convince a third party to lend the

---

12. ש"ע סי' קס"ח סעי' א' ובט"ז סק"א, וגם בט"ז סי' ק"ע סק"ג.

borrower an interest-free loan?

—Yes. It is permissible since no *ribbis* passed between the borrower and the lender. Even if the broker is the lender's son, and so the lender enjoys a degree of satisfaction, as long as he is no longer responsible for his son's support, there is no *ribbis*. His satisfaction is a side benefit but not one which is considered *ribbis* between lender and borrower.[13] (See Question 92.)

31 To take the previous question a step further, would an outsider (i.e. someone other than the borrower) be permitted to pay a lender a fee to lend money to the borrower? (This way the lender's money does not increase through the borrower.)

—Yes. It is permitted as long as the outside party doesn't require the borrower to reimburse him for the amount of the fee. The reason is that if the middleman who paid the lender is then reimbursed by the borrower, he appears to be the borrower's agent to pay interest to the lender.[14]

32 Is it permissible to borrow money from a Jew and request another Jew to pay interest to the lender? This way no interest passes from the borrower to the lender.

---

13. ש"ע סי' ק"ס סעי' ט"ז, ובט"ז שם סק"י.

14. סי' ק"ס סעי' י"ג. ובש"ך סק"כב. וכתב החוו"ד דהא דאסור לחזור וליקח הזוז מהלוה היינו דוקא כשלוקח ממנו עוד קודם ההלואה דאז כשנוטל את ההלואה נוטלו מחמת השכר שנתן ומשום הכי אסור. אבל אם קבל ההלואה ואח"כ מחזיר הזוז מרצונו למי שנתן נראה דמותר כיון דבשעת ההלואה לא היה סרך רבית ואחר שנעשה ההלואה שוב אין המלוה שייך בגוה.

—No. It is forbidden, since the one paying the interest appears to be the agent of the borrower.[15]

33 Assuming the same conditions in the previous question, would it be permissible for a non-Jew to pay the interest?

—No. It is forbidden since the growth of the lender's money is in the final analysis due to the Jewish borrower.[16] This is so even though we do not say that a non-Jew appears to be his agent, for a non-Jew cannot be an agent.

34 Is it permitted for the lender to say that instead of paying interest to him, a donation should be made to *tzeddakah*?

—No. It is forbidden, and it is *ribbis ketzutzah.* This is forbidden even if the condition is that the borrower gives money to a non-Jew where it would seem that the lender has no benefit from it at all. The reasoning here is that since the money transferred by the borrower is only due to the command of the lender, it is as though the lender himself receives it.[17]

---

15. ש"ע סי' ק"ס סעי' י"ג. ועיין שם בט"ז סק"ז גם פילפולא חריפתא סי' מ"ז אות ע' וגם בחכ"א כלל קל"ב סעי' ב'.

16. עיין ט"ז סי' ק"ע סק"ה בסוף דבריו שממונו של מלוה נתרבה ע"י ישראל הלוה. ובאמת מה שמחמירים שיש שליחות לעכו"ם לחומרה זה רק כשעושה מעשה שליחות. אבל כאן הוא רק נראה כשליח ועל זה אין מחמירים והטעם דאסור כנ"ל.

17. ש"ע סי' ק"ס סעי' י"ד. וזה נלמד מדין ערב קידושין ז'. ויש מחלוקת באם מה שיוצא בדיינים כל הסכום שנתן לו או רק כמה ששוה ההנאה ששמע בקולו ועל זה עיין במחנה אפרים הל' רבית סי' י"א והלכות מכירה קנין מעות סי' ב'. והגם דאיתא בשו"ת הרדב"ז (חלק ששי שני אלפים ש"ו) שאם אחד אומר לחברו אלוה לך מנה כדי שתתן דינר לצדקה לא גזרו פה חכמים שום איסור כיון דאיכא תקנתא לעניים. וע"ש ראיותיו. וכן לומד בשיטת הרמב"ם. אמנם אין זה לפי פסק הרמ"א המיוסד על

35 After the loan was made, may the lender command the borrower, "Inform me when my son comes home from *yeshivah*"?

—No. It is forbidden since the lender makes these demands because of his power over the borrower who owes him money.[18] This is a type of *ribbis devarim.* (See Chapter Five.)

36 Is it permitted for one to lend money to a charitable institution and request a donation receipt for tax purposes?

—Aside from the obvious wrongful fraudulent act, it is prohibited for reasons of *ribbis*, since the receipt is worth money.[19]

37 A non-Jew lends a Jew money at interest and requests that he pay the interest to another Jew. Is there any problem of *ribbis?*

—No. It is permitted since we would not suspect that the non-Jew is acting as an agent of the Jew in some way to pay interest.[20]

38 Reuven promises Shimon a loan on condition that Shimon will take it upon himself to find a job. Is

המרדכי וכמו שנוהגים אנחנו. ויכול להיות שהמחבר פוסק כהרדב"ז (שהיה רבו) שכותב רק מילת "פלוני" כדיוקו בהרמב"ם ולא כותב לעני או לצדקה או להקדש והבן. אבל ההלכה כפי הרמ"א.

18. עבד לוה לאיש מלות. ועיין ט"ז סי' ק"ס ס"ק ה' שבזה שמצוה עליו והוא נכנע לו הוה רבית דברים.

19. ש"ע ק"ס סק"יא. ואפשר עובר משום רבית קצוצה. אמנם יש לחקור מכיון שאין ללוה שום חסרון אם זה נקרא מרבית. וגם אפשר לדמות להקדש שם סעי' י"ח אם זה רק דרבנן.

20. סי' קס"ח-ט סעי' ד'. בהסבר הלבוש סעי' ה'.

there any problem of *ribbis*?

—If Reuven's sole intention is that Shimon do his bidding, it is forbidden.[21] (See Question 35.) However, if his motive is for Shimon's benefit, that he maintain a steady employment, it is permitted.[22] Moreover, even if his intention is to make sure that Shimon will have the resources to repay the loan, it is permitted.[23]

39 May one lend money with a stipulation that the loan must be used for a particular purpose?

—Yes. A person has the right to say "I am only lending you this money to be used as payment for certain merchandise or to pay off your debts."[24] This is not considered *ribbis* as it is merely a condition attached to the loan. *Ribbis* is when the lender makes certain demands because of the loan.

40 Is it permissible to encourage the prospective lender to make the loan by offering to buy from the lender's store or use his services (e.g. if he is a plumber or electrician)?

—No, it is forbidden. Since it is connected to the loan, it is considered *ribbis*.[25]

---

21. עיין סי' ק"ס סעי' ט"ו ובש"ך סק"כ שהוא מהנה המלוה בשליחותו (והגם שזה גם לטובת הלוה).

22. ספר מרבה תורה מובא בברית יהודה פרק ו' סק"לא-כשמתכוין לשם מצוה-אין לגזור חומרא במקום מצוה.

23. פריעת בעל חוב מצוה היא.

24. עיין ש"ע סי' קע"ז סעי' ה' מותר ליתן עיסקא למחצה שכר ולהתנות שלא להתעסק אלא בדבר פלוני ע"ש וגם ברמ"א. ועיין גם בסעי' ו'.

25. ש"ע סי' ק"ס סעי' כ"ג.

41 When no conditions were stipulated at the time of the loan, may the borrower buy goods from the lender's store for the normal price? Likewise, may the borrower hire the lender for his services at the usual rate (e.g. plumber, electrician)?

—If the borrower was not a customer in the past and is only becoming one now due to the loan, it is prohibited. However, if he always was a customer and he continues as such because of the loan, it is permitted, as long as it is not a specific condition of the loan.[26]

42 If the borrower is a handyman, may the lender offer a loan with the condition that the borrower do work for him for a lower than usual price?

—No. It is forbidden and the amount of money saved is *ribbis ketzutzah*.[27]

43 Reuven has done many favors for Shimon in the past. Now he is asking Shimon for a loan. As Shimon is not forthcoming, Reuven reminds him of all the favors he has done, and so through verbal coercion, Shimon grants the loan. Is there any problem of *ribbis*?

—No. It is permitted being that all of these past favors have no connection to loans past or present, and therefore no problem of *ribbis* exists. In regard to coercion, nowhere is it stated that it is prohibited to pressure a person to grant a loan.[28]

---

26. ש"ע סי' ק"ס סעי' כ"ג ובבית לחם יהודה שם.

27. ט"ז סי' ק"ס סק"לז-אם הלוה הוא בעל מלאכה ומלוה לו ע"מ שיעשה לו מלאכה בזול פשיטא דהוי רבית קצוצה.

28. ברית יהודה פרק ה' ס"ק ט'-וגם בס' וחי אחיך עמך עמד אות נ"ז.

44 Is it permitted to lend someone money on the condition that the borrower will reciprocate with a similar loan in the future if necessary?

—It is preferable not to do so (לכתחילה), being that there are two conflicting views among the *poskim* on this matter. Even where there was no condition stipulated, if the borrower eventually lends money, of his own volition, to the lender because of the original loan, it is also forbidden. This latter case, however, would only constitute a prohibition of *ribbis meucheres*.[29]

45 Is it permitted for Reuven to lend Shimon money on the condition that Shimon will lend Reuven money for a longer period of time than the term of the first loan?

—No. This is prohibited according to all views. As we have seen in Question 19, an extension of time is considered a value which constitutes *ribbis*. The same idea applies here.[30]

---

29. ש"ע סי' ק"ס סעי' ט' בהגהה יש שתי לשונות הראשונה אוסרת והשניה מתרת ומשמע שמפני שמביא הרמ"א המתירים באחרונה דהכי סבירא ליה וכן איתא בקונטרס הסמ"ע (ארוכה אות ה') מ"מ הגר"א כותב לדינא דאסור שהרי אפילו רבית דברים אסרו ומוסיף וכל זה שלא היה עושה לו בלאו הכי ע"ש. וכן איתא בשו"ת הרא"ש (כלל ק"ח סי' ט"ז) דאסור קל וחומר מרבית דברים. ובמרדכי מבואר שהוא רבית קצוצה. והגם שהמתירים שמביא הב"י סוברים שאין כאן לא נשך ולא תרבית וגם רבית דברים אין כאן אלא בעוד שהוא חייב לו אבל לא לאחר פרעון, מ"מ קשה להתיר לכתחלה מפני האוסרים הנ"ל.

ומה שכותב הרמ"א "כזמן הראשון" לכאורה לשון זה שייך רק למתירים כי גם הם יודו שאם הוא ילוה לחברו בחזרה הלואה של סכום יותר גדול או זמן יותר ארוך ממה שהלוהו מתחלה היה נחשב כרבית. אבל לפי היש אוסרים אין לשון זה נוגע. וכן ראיתי בספר לקט הלכה הלכות רבית שמביא מקונטרס הסמ"ע שאפילו בפחות נמי אסור אם בתנאי.

30. עיין שם בהגה"ה וכל זה מדוייק מדבריו. ועיין גם בקונטרס הסמ"ע אות ל"ג.

46 Can one borrow money with the stipulation, "Lend to me and I'll lend to you"?

—No, it is forbidden. Because of the constant fluctuations of the market, a current loan for two days might equal or surpass in value a previous loan for a week. Therefore, the case in question becomes similar to Question 45.[31]

47 Shimon wishes to repay a five dollar loan to Reuven but only has a ten dollar bill, and Reuven has no change. May he give him the ten dollar bill and tell Reuven to pay him back the five dollars later?

—If Reuven will not use the extra five dollars in the interim it is surely permitted.[32] Even if Shimon offers to lend him the five dollars, there is no problem of *ribbis*.[33] However, if Reuven takes the initiative and requests the loan, it is questionable if it is similar to the case of lending money with the condition that the borrower reciprocate. Therefore, this should be avoided.[34]

---

31. בספר דברי סופרים על הלכות רבית איתא שמפני שבזמננו שכל יום יש שינויים בהרווחת ממון ומה שעכשיו הרויח ביומיים יכול לאחר זמן להרויח ביום כגון ע"י מניות הבנקים וכיוצ"ב אין היתר דהלויני ואלוך לכו"ע כי זה דומה לשאלה הקודם בתנאי שהשני ילוה לו לראשון לזמן יותר ארוך. ואיתא בלבוש וז"ל ועוד נ"ל שגם בזה יש בו ענין עשה עמי מלאכה קלה ואני אעשה עמך מלאכה כבידה, שלפעמים שחודש אחד יותר טוב המשא ומתן מבחודש אחר, כגון שבזה החודש ישנן שיירות מצויות או סחורה מצויה כגון במקומות שישנן ירידים וכה"ג, וה"ל כמו רבית גמור ויש להחמיר עכ"ל.

32. פשוט, דהוי רק פקדון.

33. מכיון שהלוואה זו כולה מצד שמעון שהוא הלוה הראשון אז אין משום חשש של רבית ע"מ להחזיר שהוא מחלוקת הפוסקים עיין ברית יהודה פרק א' ס"ק ל"ג וגם אין חשש של הלויני ואלוך (עיין במס' 46.) שהרי לא היה זה תנאי בתחלת ההלואה.

34. צ"ע אם זה דומה לרמ"א סי' ק"ס סעי' ט' אם אחד מלוה מעות לחברו כדי שיחזור וילוהו פעם אחרת ע"ש מכיון שבקש משמעון קודם פרעון ההלואה.

48 May Reuven do work for Shimon on the condition that Shimon will do work for him at a future date (e.g. I'll help you paint your house on condition that when I want to paint my house you will help me.)?

—If the labor he will receive in return is identical to the work he is doing, it is permitted. However, if it is in any way a more difficult labor, it is forbidden.[35] There are no differing views in this situation, even though in Question 44 there are differing views, because in Question 44 a loan of money was made for a reciprocal loan at a future date. Therefore, besides receiving repayment of the money that was borrowed, the lender is also receiving a loan which might be construed as *ribbis*. In this situation, however, a favor is being done for a favor (i.e. work), and there is only the replacement of the original favor without anything additional.

49 Is one permitted to say, "Come to my house for lunch, and I'll eat lunch at your house next week," knowing full well that the return meal will be a larger one?

—Yes. It is permitted,[36] since this statement was not meant to create an obligatory debt of meals. His main intention was for his friend not to feel uncomfortable or restrained at eating a free meal, so he reassures him of his intended reciprocation.[37]

---

35. ש"ע סי' ק"ס סעי' ט' לא יעשה מלאכה לחבירו ע"מ שחבירו יעשה עמו אח"כ מלאכה שהיא יותר כבדה ואפילו לעשות עמו אותה מלאכה כגון לתלוש עשבים אלא שזה עושה בזמן שהארץ יובש בלי גשמים שיותר קל וזה עושה בימי הגשמים שיותר קשה.

36. רמ"א או"ח סי' ק"ע סעי' י"ג.

37. משנה ברורה שם ומ"מ מביא שהט"ז חוכך להחמיר בזה. (עיין בט"ז סי' ק"ס סק"לז בסוף דבריו-בא ואכל עמי מה שהאכלתני דהוי רבית-א"ח סי' ק"ע סעי' י"ג)

However, it is forbidden to say, "Come eat with me now, since I ate at your house last week." This appears to be payment of a debt, and he might give his friend a larger meal, which constitutes *ribbis*.[38]

50

A woman lent her friend a dress with the stipulation that before she returns it, she must have it professionally cleaned. Is this a problem of *ribbis* since the lender is receiving something extra?

—No, it is permitted. Obviously, where the garment had been cleaned immediately prior to its loan, there is no question of *ribbis* since the lender gets back exactly what she lent to her friend.

However, even if the dress hadn't been freshly cleaned just prior to the loan there is still no problem. One of the reasons given is that a person will wear his own clothes even if not freshly cleaned but has an aversion[39] to wearing clothes worn by another person if not freshly cleaned. Therefore, getting back a cleaned garment only allows the owner to continue wearing it as she would have, had it not been lent out. It is, therefore, not considered *ribbis*.[40]

---

38. רמ"א שם. וכותב שם המשנה ברורה כלומר דמחזי כרבית אבל מדינא לאו רבית הוא
דלא היה מתכוין בשעה שהאכילו בראשונה לכך.

39. עיין ספר ערוך השלחן או"ח סי' י"ד סעי' י"א . . . ונלע"ד אף שרבותינו פסקו הדין הזה
דמסתמא מותר ליקח טלית חבירו שלא מדעתו ולהתפלל בו מטעם דודאי ניחא ליה
מיהו אנן חזינן דהרבה מקפידים בזה מאד ובפרט כשהטלית הוא חדש ונקי וגם יש
בני אדם שאין סובלים כלל שאדם אחר ילבש בגד שלהם מטעם זיעה ונקיות ונלע"ד
שמאד יש להתיישב בדין זה.

40. קרן התורה.
ולי נראה עוד סברא להתיר. פה מדברים משאלה ולא הלואה. והחילוק ביניהם הוא
שהלואה להוצאה נתנה ובשאלה הבעלים מקבלים בחזרה אותו חפץ שהשאילו בהלואה
אם מקבל יותר הרי זה רבית אבל בשאלה אם הבעלים מצריכים דבר יותר אין זה
אלא שכר בשביל השאלה. ונחשב כשכירות שהשוכר מקבל על עצמו החומרות דשואל

51 A woman borrowed some children's clothing from her friend. When she returned the clothing, she included a little toy for her friend's children. Is there any problem of *ribbis*?

No. Only charging for a monetary loan is considered *ribbis*.[41] Loans of items such as utensils, clothing are not considered a monetary loan, and therefore, there is no question of *ribbis*. In fact, if the lender would require the borrower to include a toy when returning the borrowed items, it would be considered a perfectly permissible rental fee. (See previous footnote; also see Question 130.)

52 Someone did some work for his friend with the condition that his friend would subsequently help him do some work. May his friend afterwards do heavier work for him if there was no condition specifying any such heavier work?

—Yes. He is permitted as long as there isn't a major difference in the degree of work. The reason is that there was no loan and so it is more in the category of buying and selling (מקח וממכר) where the custom of the merchants is to add on a little extra and so it doesn't appear as *ribbis*. However, a great difference in the amount of work appears to be direct repayment for the first work since this is not the way of the merchants and so is considered *ribbis*.[42]

כדאיתא במס' ב"מ צד ולכן מה שהבעלים מצריכים כאן שהשואל יתן הבגד לנקות אין זה אלה השכר שרוצים בשביל ההשתמשות בבגד. ואם תאמר הא דברו בלשון שאלה ולא בלשון שכירות, איתא בט"ז סי' קס"א סק"א וז"ל ומה לי בזה לשון שאלה וכו' ע"ש.

41.עיין חות דעת סי' ק"סא סק"א בביאורים.

42. מפני שאין כאן הלואה אם אין הפרש גדול ביניהם ויש לומר דאוזולי הוא דמוזיל גביה

53 If someone did work for his friend as a favor, without any expectations of something in return, may the friend do heavier work as a return favor?

—Yes. It is permitted, since there were no loans at all but only an exchange of gifts.[43]

54 Reuven wants to procure funds in order to grant Shimon a loan, so he asks Shimon to help him collect outstanding debts owed to him. Is this any problem of *ribbis*?

—No. This is permitted since Shimon also gains. However, Reuven should pay Shimon a nominal fee for his help.[44]

55 Reuven offers a loan to Shimon and stipulates that the repayment should be made directly to Reuven's bank in the form of a deposit, which will be a bother for Shimon and may entail some expense. Shimon

שאין כאן אלא דרך מכר. ויש לדמות לרמ"א סי' ק"ס סעי' ד' בשם ב"י בשם הרשב"א שכן דרך הסוחרים שמוסיפים מעט והכא אינו ניכר שמשום רבית עושה זאת. אבל אם יש הפרש הרבה אז ניכר שהוא מפני מלאכה ראשונה ואסור וכן איתא בגר"א וש"ע התניא.

מה שהבאנו לעיל בשם הרשב"א שדרך סוחרים להוסיף מעט על המקח זהו היסוד לפסק הרמ"א (וסי' ק"ס סעי' ד') שדרך מכר להוסיף ז"א שאם הקדים מעות עבור פירות ולאחר זמן נתן לו הפירות עם הוספה-מותר מטעם הנ"ל. אבל להיפך אם מכר חפץ לחברו ולאחר זמן שלם מעות בעד החפץ והוסיף על המעות-אסור שזה נראה כרבית בעד המתנת המעות.

אמנם הש"ך (שם סק"ד) מתיר אפילו באופן זה שכיון שלא התנה שום דבר ולא פירש שום דבר שזה ההוספה בשביל המתנת מעות אז הוי מתנה ומותר.

אמנם כל הנ"ל רק בסתם אבל אם פירש שההוספה בשביל המתנת מעות הוי רבית לא רק בהלואה אלא גם דרך מקח וממכר (וש"ך סק"ה).

43. סברא פשוטה.

44. עיין ט"ז סי' קע"ג סק"ג סק"כד כיון שגם להלוקח יש הנאה וזה פשוט לקמן סי' קע"ז דלא איכפת לן בצירוף הנאת שניהם . . . דנראה לי פשוט דהאי שכר טירחא אינה טפי מאותה שנזכר בסימן קע"ז דאפילו בדבר מועט סגי.

cannot be forced to accept this stipulation,[45] but if Shimon willingly accepts it, is there any problem of *ribbis*?

—If it only entails a bother for Shimon, there is no problem of *ribbis,* and it is permitted.[46] However, if there is any monetary loss for Shimon, it is questionable and as such should be avoided.[47]

56

Is it permissible for one to do favors or accord public honor to the individual in charge of lending the money for a *gemach* in order to procure a loan from him?

—If the person is merely the manager of the *gemach's* funds, there is no problem, since he is not the lender.[48]

If, however, it is a private *gemach* (all of the money belongs to one person) and he is in charge of loans, then one may not do special favors for him in order to procure a loan. This would hold true even if this individual borrowed the money from others, since he is totally responsible for the money.[49]

---

45. ברית יהודה פרק י"א ס"ק ל"ז מביא שו"ע חו"מ סי' ע"ד סעי' א'-המלוה ניתנה לתבוע בכל מקום. ובש"ך שם מביא מדברי השלטי גבורים בפ"ק דמכות שמסתפק אם המלוה יכול לתבוע מן הלוה שיוציא הוצאות ויטרח ויביא לו המעות למקום שהוא נמצא שם שלא במקום ההלואה. ודעתו של הש"ך שאינו יכול לתבוע ממנו ומשמע שאם רוצה הלוה לטרוח ולהביא אין בזה משום איסור רבית.

46. כמו שהבאנו מס' ברית יהודה ועיין שם עוד ראיה.

47. שם.

48. זהו פשוט ואפילו הוא אחראי כשומר חנם או שומר שכר עיין סי' קע"ג סעי' י"ד וגם בסי' קס"ח-ט בש"ך ס"ק ס"ט ובט"ז ס"ק ל"ג.

49. עיין סי' קס"ח-ט סעי' כ"ב, כ"ד דמעות עכו"ם ביד פקיד ישראל והישראל קבל כל האחריות הוי נחשב ממונו ואיסור גמור להלוות ברבית.

57 If Reuven lends money to Shimon, is it permissible for Shimon to lend personal articles to Reuven (e.g. lawn mower, tools, *sefarim*, etc.)?

—If Shimon was accustomed to lending things to Reuven before the loan then it is permitted, since this favor is not because of the loan. However, he may not lend him something which is of a highly visible nature (e.g. his house, servants or a very fancy car), since the general public will be made aware of this action but may not be aware that Reuven and Shimon are such good friends and that Shimon would have done this for Reuven even if there had been no loan.[50] However, if Shimon did not lend his things to Reuven prior to the loan, it is forbidden, since it is obviously because of the loan that he is lending them to him now.[51]

58 If Reuven lends money to Shimon, can Reuven now go and borrow Shimon's lawn mower without notifying him since he is always happy to lend it to him?

—No. It is forbidden, since it appears that Reuven only feels confident of Shimon's acquiescence since he is indebted to him, as prior to this he wouldn't have borrowed it without permission.[52] This is considered as if he is receiving something extra besides repayment of the loan.[53]

---

50. ש״ע התניא סעי׳ ל״א.

51. ש״ע סי׳ ק״ס סעי׳ ד׳.

52. ואם באמת שאפילו קודם ההלואה היה נוטל בלא דעתו בזה יש מחלוקת ש״ע התניא (סעי׳ ל״ב) מתיר שברור שאין עושה כך מפני שסומך על ההלואה. אמנם בפרישה (סק״יב) מבואר שאוסר.

53. סי׳ ק״ס סעי׳ ז׳ בש״ך סק״יא שכיון שנהנה ממנו בלא רשותו נראה שסומך עליו שבשביל מעותיו שבידו יסבול לו.

59 After borrowing money from Reuven, Shimon offered him the use of his summer home which he wouldn't be using anyway. Reuven had a summer home of his own, so Shimon would not really give up anything and Reuven wouldn't gain anything. Is there a problem of *ribbis* here?

—Yes. It is forbidden as *avak ribbis*.[54] The reason is that since living in his house is public knowledge, not everyone is aware that the house wasn't needed by Shimon. Therefore, it certainly appears to be *ribbis*.[55]

60 Is it permissible to buy an *aliyah* to the Torah for the person who lent you money as a means of expressing appreciation?

—No. It is forbidden since this is also considered paying back with interest.[56] The same applies to honoring the lender to be *sandak* or, if he is a *mohel*, to perform the *bris*.[57]

61 A benefactor lent a *yeshivah* one million dollars for three years, interest free. May the *yeshivah* honor him at their annual banquet?

—As long as this wasn't a condition of the loan, it would seem that this is permitted based on the law that *hekdesh* may pay interest that is only forbidden rabbinically.[58] (See Question 131.)

---

54. ש"ע סי' קס"ז סעי' א' ובש"ך סק"ז. ובבה"ט סק"ב בשיטת הרמב"ם.

55. דעת סופרים סק"ג.

56. סי' קס"ז ס"ק א' בש"ך בשם המהרש"ל.
עיין גם בש"ע בתניא ס"יא, בחכמת אדם כלל קל"א סעי' ט"ז, בדברי סופרים סי' ק"ס בעמק דבר סק"קיח.

57. דרכ"ת סי' קס"ז ס"ק ד' בשם מרבה תורה דה"ה שאסור לכבדו במילה ובסנדקאות.

58. סי' ק"ס סעי' י"ח.

62 A benefactor lent a *yeshivah* a substantial sum of money. The administrator of the *yeshivah* bought him an *aliyah* as an expression of gratitude, and also with the hope that this would induce the benefactor to extend the term of the loan. Is there any problem of *ribbis*?

—No. This is permitted since the administrator is not personally liable for the loan.[59] (See Question 56.)

63 Reuven borrowed money from Shimon whom he never considered a close friend. Reuven is about to marry off his daughter, and he probably would not have invited Shimon to the wedding. Now, realizing that Shimon is a very good friend, may he invite him to the wedding or does this constitute *ribbis*?

—It is permitted. First, it is difficult to assume that this is because of the loan per se. Reuven just never realized that Shimon was a loyal friend, and had he known he would surely have invited him to the wedding. (See Question 64.)

Second, a wedding invitation is not considered a public honor, since Shimon is not being distinguished from the other guests. It is also not logical to say that the meal is *ribbis*, because whoever

---

59. הגם בהבטה ראשונה היה אפשר לומר לאיסור מפני שאסור לומר לישראל שישלם הרבית בשבילו (אע"פ שאינו חוזר ומשלים חסרונו) מפני שנראה כשלוחו וכדאיתא בסי' ק"ס סעי' י"ג, מ"מ כאן השיבה, שהיא הלוה, קארפארישן. ואיתא בא"מ יו"ד ח"ב סי' ס"ב שאם הלוה קארפאארישן אז אין איסור רבית מפני שאין שום חיוב ושעבוד על שום איש, ולכן אפילו הוה שליח השיבה ממש אין שום איסור. והגם שיש חולקים על זה ופוסקים שלפחות יש אסור דרבנן בקאארפאארישן, מ"מ בנידן דידן היה נראה שאף הם היו מקילים מפני שישיבה בגדר הקדש, ומותר להקדיש ללוות ברבית דרבנן כשנמחץ לכך. סי' ק"ס סעי' י"ח. (והיום הישיבות בלחץ גדול.) וכאן הוא רק דרבנן מפני שלא קצוצה כלל, ונראה רק כרבית מאוחרת שיותר קל מאבק רבית.

makes a wedding considers the food as a gift to his guests.[60]

64 If Reuven lends money to Shimon may Shimon lend Reuven his car?

—Unless Shimon drives an unusually expensive and uncommon car which would constitute an item of public nature (see Question 56), it would be permissible, as long as Shimon was used to lending his car to Reuven before the loan.[61]

65 A woman asked her daughter-in-law to purchase a certain item for her when shopping in a certain store. The item costs thirteen dollars. The daughter-in-law bought the item and delivered it to her mother-in-law. The mother gave her a twenty-dollar bill and told her to keep the change. Is there a problem of *ribbis* since the thirteen dollars was in fact a loan?

—No. There is no problem since the mother-in-law definitely did not intend to give her daughter-in-law the extra seven dollars as *ribbis*. Rather, it was

---

60. עיין מס' עירובין נ"ד. א"ל שמואל לרב יהודה שיננא חטוף ואכל חטוף ואישתי וכו'
והבן. ואם היא מתנה אז אין לחשבו רבית עיין סי' ק"ס סעי' י"ז, וקס"ב סעי' א' בהגה.
וכן הסכימו עמי הרה"ג ר' יחזקאל ראטה והרה"ג ר' שמואל זאב ליכטר (דיין
דקרסנא)

61. יש לדמותו לבהמה ויהיה מותר כדאיתא בש"ך סי' קס"ו סק"א.

62. איתא בסי' ק"ס סעי' ח' אפילו לבניו ובני ביתו אסור להלות ברבית אע"פ שאינו
מקפיד עליהם ובודאי נותנו להם מתנה.
ושם בש"ך סק"יב ואע"ג דאפילו אומר אני נותנו לך במתנה אסור לעיל סעי' ה' התם
היינו טעמא משום דאני סהדי דמשום שהלוה לו נותן לו במתנה אבל בבני ביתו אע"פ
שנותן להם במתנה מפני שאינו מקפיד עליהם אסור וכו'.
רואים מדבריו ומדברי המחבר שכאן בבניו ובני ביתו אין שום רבית כלל. אלא
טעם האיסור הוא גזירה משום דאתי למסרך כדאיתא במס' ב"מ (עה.) ואיתא בספר
התרומות (ח"ג סי' ב' וח"ד סי' ב') שבניו היינו קטנים כי כשירגילו בקטנותם גם כי

a simple gift from parent to child. Such distinctions, however, must be determined on a case-by-case basis, and parallels to other cases may not be drawn by the unqualified layman.[62]

יזקינו לא יסורו ממנה וא"כ גם כאן בנידן דידן מפני שאשת בנה גדולה יש לומר שאין
כאן שום רבית כדביארנו לעיל וגם אין כאן גזירה מפני שהיא גדולה ולכן היה מותר.
אמנם אפשר אינו כן מפני שבני ביתו האמור במחבר הכוונה על אשתו (וכדאיתא
בדברי סופרים) ומשום דדעתן קלה וימשכו אחר זה וילוו גם באיסור. וא"כ יש לומר
טעם זה גם על אשת בנו, והיה אסור.

מ"מ יש לומר שכאן בש"ע מדבר שאסור להלוות בניו ובני ביתו ברבית (וכדאיתא
שם בגמרא) ז"א מתחלה מלוה להם שישלמו ברבית. ואע"פ שכאן בודאי אין שום
רבית כדביארנו מ"מ יש גזירה. מ"מ אם לא הלוה ברבית שאינו דומה לרבית קצוצה
דאורייתא, רק שלם כסף נוסף כמו בנ"ד אז יש לומר שבכלל לא גזרו כי היה גזירה
לגזירה דהיינו אטו תשלומין קצוצה שכאן רק גזירה דרבנן כדבארנו.

ומפני שכאן גם רגילין הורים לתן בכל פעם כסף לבניהם אז יש לומר שאין שום
איסור וגזירה. וכדי שלא להוסיף. וכן עמא דבר.

5

Ribbis Through Words

Chazal derive from the verse, נשך כל דבר, "interest for anything for which interest is usually taken," (*Devarim* 23:20), that one is forbidden to "pay" interest with words. The word דבר (anything) is also interpreted to mean "words," i.e. דיבור. Thus it is forbidden to receive or give benefit with words.[1]

66 Is it permitted for the borrower to greet the lender with "*Shalom*" before the lender greets him?

—If he was accustomed to doing so before the loan, it is permitted.[2] However, if he was not in the habit of offering "*Shalom*" first, it is prohibited, since it clearly appears that he is doing so because of the loan. Since "*Shalom*" is not just a greeting but is a

---

1. ש"ע סי' ק"ס סעי' י"א בתוס' קידושין ח: (וד"ה צדקה) ובדברי הריב"ש סי' קמ"ז מבואר דהוי דרשה גמורה ואיסורה מן התורה. אמנם בר"ן (כתובות מו. גבי רבית קרקע) איתא דהוי רק אסמכתא ואיסורה מדרבנן וכן דעת רוב הפוסקים.

2. ש"ע סי' ק"ס סעי' י"א.

way of showing honor to the lender, it is considered *ribbis devarim.*[3] In addition, it is a *brachah*, a blessing for peace which constitutes *ribbis devarim.*[4]

However, if the reason that the borrower wasn't accustomed to greeting the lender with "*Shalom*" first was simply because he only got acquainted with him through the loan, it might be permitted, since he is not doing it because of the loan.[5]

67 Is it permitted for the borrower to answer "*Shalom*" when the lender first greeted the borrower?

—Yes, it is permitted. The prohibition is to greet with "*Shalom*" first, since this is done because of the loan, but responding "*Shalom*" is simply common courtesy.[6]

68 Is it permitted for the borrower to greet the lender first with "good morning"?

—It is permitted, since it is not meant as a blessing (see Question 66), but rather as a salutation. However, if the "good morning" is only because of the loan—i.e. to express his appreciation and cause the lender to "feel good"—then it is prohibited, for it is meant as an honor. (See Footnote 4.)

---

3. בגמ' ב"מ (עה:) איתא הנושה מנה בחבירו ואינו רגיל להקדים לו שלום אסור להקדים לו שלום.

והרמב"ם הל' מלוה (פ"ה ה"יב) כותב מי שלוה מחבירו ולא היה רגיל מקודם להקדים לו שלום אסור לו להקדים שלום ואצ"ל שיקלסו בדברים או ישכים לפתחו שנאמר נשך כל דבר אפילו דברים אסורים. רואים מדבריו שמדמה הדין של הקדמת שלום לדין שאין מקדימים שלום לפני שהתפלל. (ברכות יד) ושם העניין מפני שמכבד איש לפני שמכבד הקב"ה. וכדאיתא ברש"י (ד"ה ושמואל) שם. ולכן כותב לשון קילוס שזהו דרך כבוד.

ועיין גם בש"ע התניא סעי' ט' שמביא כל השיטות.

4. עיין תוס' מס' קידושין ח: ד"ה צדקה—שברכה היא עניין רבית דברים.

5. עיין ספר קרן התורה סי' ק"ס בדרך קצרה אות מ.

69 Is it permitted for the borrower to say "thank you" at the time of the loan or the repayment of the loan?

—Yes, this is also permitted since it is not a blessing.[7] However, if he means it specifically as a special compliment or praise because of the loan then it would be forbidden to say "thank you."[8]

70 Is it permitted for the borrower to say "*yeyasher kochacha*" (more power to you) or "*tizku lemitzvos*" (may you merit additional *mitzvos*)?

—There are contradictory views on these statements, since they are similar to blessings, and one should refrain from using them.[9]

Therefore, if a woman borrows a bottle of milk from her neighbor she must be careful not to say "*yeyasher kochaich*" and surely not any other blessing.

71 An author of a *sefer* wishes to include in his acknowledgments the names of the people who lent him money to publish his work and to thank them for their help. Is there any problem of *ribbis*?

—Yes. This is considered as publicly thanking the

---

6. סי' ק"ס סעי' י"א. ואדרבה במס' ברכות (ו:) איתא שמי שאינו מחזיר שלום נקרא גזלן.

7. וכן שמעתי מן הרה"ג הרב יחזקאל ראטה שליט"א שמותר מפני שזה מן המדות הרגילות במדינתנו, ואין כאן שייכות לרבית.

8. אגרות משה ח"א יו"ד סי' פ' שלשון תודה אסור במוציא ספר שרוצה להודי בספרו למי שהלוה לו ממון להוציאו.

9. עיין בברכי יוסף סי' ק"ס סעי' י"ב שמביא לכאן ולכאן, וגם בברית יהודה פרק י"א סעי' כ"ט ס"ק ס"ב שנוטה לאיסור גבי יישר כחך ונוטה להקל גבי תזכו למצוות ע"ש טעמיו.

עיין וחי אחיך עמך (לד) שמיעץ לומר יישר כחך על הטירחא שטרחת בשבילי ולא יאמר סתם יישר כחך ובזה ניצול מרבית דברים.

lender and, as such, is forbidden as *ribbis devarim*.[10]

However, if the loan is merely stated as a fact in the acknowledgments but not in a manner of thanking the lender, then it is permitted.[11] (See also Footnote 8.)

If the loan has already been repaid before the *sefer* is published, one should consult with a competent *rav*.[12]

There is a question if the prohibition of *ribbis devarim* applies after the money has been repaid.[13]

72 Is it permitted for the borrower to say "*mazel tov*" to the lender on the occasion of a *simchah*?

—Yes. This surely has nothing to do with the loan.[14]

---

10. דרכי תשובה סי' ק"ס סק"פח בשם ערך שי שאסור להודות למלוה.

11. אגרות משה ח"א יו"ד סי' פ'.

12. עיין שו"ת יביע אומר ח"ד חיו"ד סי' ט' שפוסק עפ"י המהריק"ש שאחר הפרעון אין איסור רבית דברים כשמשיבו המלוה בדברי חן וחסד וכש"כ כשיקנה ממנו ספר וישלם לו בעין יפה, שראוי המחבר להביע תודתו וברכתו. (ועיין בהגה"ה דלקמן.)

13. איתא בש"ע סי' ק"ס סעי' ו' אסור ללמד את המלוה או את בנו מקרא או גמרא כל זמן שמעותיו בידו אם לא היה רגיל מקודם ע"כ. מהלכה זו משמע שאיסור רבית מאוחרת נוהגת רק כמה שלא שלם הלוה את המעות למלוה אבל אח"כ מותר וקשה מסעי' ו' . . . לוה ממנו והחזיר לו מעותיו והיה משגר לו דורון בשביל מעותיו שהיו בטלות אצלו זו היא רבית מאוחרת ע"ש הא בפירוש שאחר חזרת המעות הוי רבית מאוחרת. לפי הרמ"א בסעי' ו' שאוסר רבית מוקדמת או מאוחרת רק במפרש לא קשה פה שאינו מפרש אלא על המחבר קשה כדהבאנו.

וראיתי בס' דעת סופרים שמתרץ שסבירא ליה למחבר דאע"ג דרבית ממש אסור אפילו בסתמא ואפילו לאחר פרעון, מ"מ רבית דברים לא אסרו רק בשעה שמעותיו בידו ע"ש. וזה כפי דעת המרדכי סוף פרק איזהו נשך. אמנם יש חולקים על המרדכי עיין בבירור הלכה שם סעי' ט'.

דברי המהריק"ש שהבאנו בהגה"ה דלעיל שהם תנא דמסייע לדברי הדעת סופרים מובאים בברכי יוסף על סעי' י"א דאיתא שם אם לא היה רגיל להקדים לו שלום אסור להקדים לו. וכותב הברכ"י דוקא בעוד שהמעות בידו אבל אחר שפרע שרי דלא ס"ד דאם פעם אחת לוה ממנו יהיה אסור להקדים לו שלום כל ימיו דזה דבר שאין לו שחר הרב הגדול מהריק"ש וכו' ע"ש.

14. ברית יהודה סי' י"א ס"ק ס"ד.

6

Situations Involving Banks and Deposits

The term "deposit" in the following questions has one of the following implications (or sometimes both): 1. A deposit in a bank account or similiar financial instrument. 2. An item (e.g. an object, money, etc.) entrusted to someone else for safekeeping. In this case, the item is not to be used by the person to whom it has been entrusted. Rather, it is to be "watched," i.e. kept in a safe place until such time as the depositor will retrieve it. Such a deposit cannot be considered a loan as it is not meant to be used.

73 When a person rents an apartment and gives a security deposit, the law states that when he vacates the apartment he is entitled to the return of the security deposit plus interest; the security deposit is to be placed in an interest-bearing savings account and at the termination of the lease the entire amount is to be given to the tenant. Is this permissible or is it *ribbis*?

—If it is clearly stipulated that the lessor has no right to use the security money, but must deposit it directly in a savings bank where it will remain until the lease expires, then it is permitted.[1]

If, however, the lessor requests from the lessee use of the security with the promise that at the termination of the lease he will return the security with the exact amount of interest that the bank would have paid, then this is no less than an actual loan to the lessor for interest.

Furthermore, even if the lessor did not specifically ask for use of the money and the money was given without any stipulations, if the lessor used it, it is forbidden to repay the money with interest. Since it is usual and customary (מנהג העולם) for the lessor to do what he wants with the security deposit, it is considered as though the lessee actually gave him permission to use the money.[2]

74 Is there any problem of *ribbis* when a landlord requests a month's security with the stipulation that no interest be paid on it and then proceeds to use this money? The security deposit is to be returned at the end of the lease and, therefore, is effectively an interest-free loan. Is the landlord, by accepting the security payment and guaranteeing

---

1. מכיון שהמשכיר אין לו רשות להשתמש במעות כלל לכן נחשב שאין אחריות עליו
ולכן אינו אלא שליח להלוות בשביל השוכר מעותיו לעכו"ם ואפילו מקבל המשכיר על
עצמו אחריות שומרים וכדאיתא כל הענין בסי' קס"ח-קס"ט סעי' ט"ז. ועיין גם בש"ך
שם סק"סח ובט"ז סק"לא, ל"ג. ואם באמת לא נתן המשכיר את המעות בבנק אלא
השתמש בהם לכאורה יש להתיר לשוכר לתבוע הקרן והרבית מהמשכיר שאין המשכיר
אלא גזלן ועשה לשוכר היזק במעותיו. וכן מבואר בדברי סופרים סי' קס"ח קס"ט
בעמק דבר ס"ק רס"ט. ועיין בברית יהודה פל"ב סעי' ג' דאוסר.

2. זה שמעתי מהרה"ג ר' יחזקאל ראטה שליט"א.

the apartment, transgressing some sort of *ribbis mukdemes* or *meucheres*?

—No, it is permitted. It is a normal business practice for a landlord to require security, so there is no question of *ribbis mukdemes* or *meucheres*. In reality, the landlord receives the rental fee for the apartment that he leases out plus he receives an interest- free loan. The tenant on the other hand not only pays rent but also gives a free loan to the landlord. In effect, he is paying a little more for the apartment. In any event, interest plays no role here.[3] (See Question 121.)

75 Similar to the above is the case where a down payment was given by the purchaser of a dwelling at the signing of the contract. This money is to be deposited in an escrow account by the lawyer of the seller and at the closing to be given to the seller and deducted from the purchase price including the interest earned during the period of deposit. Being that the lawyer is a friend of the seller, he immediately (without the knowledge of the buyer) transferred the deposit money to the seller with the stipulation that the seller pay the same amount of interest that the bank would pay. Is there any problem of *ribbis*?

—If all three are Jews then it is forbidden. When the lawyer digressed from his original responsibility of depositing the deposit in escrow and instead gave the money to the seller, he (the lawyer) at that

---

3. ‏ופשוט. ויש להוסיף עוד סברא שבאמת ה"סעקיוריטי" הוי התשלום האחרון של‎
‏"הליס" לא פחות ולא יותר, והראיה לזה היא שסכום הסעקיוריטי אותו הסכום של‎
‏תשלום השכירות בעד חודש. והמנהג הוא שהשוכר אינו משלם תשלום החודש‎
‏האחרון כי כבר שלם כשנתן הסעקיוריטי. וא"כ אינו הלואה כלל.‎

moment became responsible for the full amount and thereby in effect became a borrower of the buyer's money.[4] Therefore, by transferring the money to the seller he is in fact lending the money to the seller with interest. This would even be true if the buyer is a non-Jew. (See Question 25.)

If, on the other hand, the lawyer is a non-Jew then there is no problem of *ribbis* if the lawyer transfers the money to the seller, even though the other two are Jews. Here the lawyer becomes the lender and the seller the borrower, which removes any problem of *ribbis.*

76 Reuven would like his money to be deposited in Shimon's bank account (to minimize the assets under his own name) with the accrued interest going to Reuven. Is this a problem of *ribbis*?

—It is permitted. (This is comparable to Question 73.[5])

77 Is it permitted for Reuven to deposit money in the bank under Shimon's name so that Shimon can show assets while the interest goes to Reuven?

—Yes, it is permitted. Here there is no loan at all between Reuven and Shimon, and so there is no problem of *ribbis.*[6]

4. עיין קס"ח-ט סעי' כ"ב.

5. מקורו של דין זה גם שם סעי' ט"ז. ואין להקשות שמכיון שבדיני המדינה מה שהמעות תחת שם שמעון ובשביל כך הוא אחראי בשביל המסים ולכן יהיה נחשב שהמעות באחריותו וא"כ אסור מפני שנעשה כלות. מכיון שכוונות ראובן ושמעון אינם רק שיהיה שמעון שליח בהיתר גמור עפ"י תורתנו הק' אז אין דינא דמלכותא דינא מגרע, ועיין בשו"ת חת"ס או"ח סי' קי"ג; שו"ת בית שלמה סי' ס"ו; שו"ת דברי חיים ח"ב סי' ל"ה שו"ת חשק שלמה סי' ב'.

6. מלוה להוצאה נתנה ולכן אין שום הלואה כאן ופשוט.

7

Situations Involving Non-Jews

As explained in Chapter Two, the prohibition of *ribbis* does not apply to loans between a Jew and non-Jew. Therefore, one might think that when a non-Jew is involved in a loan between two Jews there is often no problem of *ribbis*. However, the opposite is true.

This chapter deals with particular situations which involve a non-Jew and where, at first glance, it would seem that no problem of *ribbis* exists. The purpose of this chapter is to explain and clarify why *ribbis* can be a problem in these situations.

78 Reuven borrows money from a non-Jew, and at the termination of the loan, the non-Jew tells Reuven to give the payment to Shimon who now wishes to borrow the money. The non-Jew stipulates with Shimon that he must pay principal plus interest. Is there any problem of *ribbis* since the non-Jew is the lender and Shimon is the borrower?

—Yes. It is forbidden because it appears as if Reuven lent money to Shimon and told him to pay interest to the non-Jew. It seems so because money was transferred from Reuven to Shimon without passing through the hands of the non-Jew.[1]

79 May Reuven ask Shimon, "Lend me the money that you borrowed from the non-Jew and I will pay the principal plus interest directly to the non-Jew"?

—No. It is forbidden, and it is *ribbis ketzutzah.* In fact, the money that Shimon will lend Reuven is a brand new loan between the two of them with interest, as explained in Question 25.[2]

80 Can Reuven ask a non-Jew to borrow money from Shimon with interest and lend the money to Reuven with interest (i.e., Reuven will pay the non-Jew and Shimon will receive interest from the non-Jew)?

—No, it is forbidden. Although *halachically* a non-Jew cannot be an agent, we follow the opinion, when applicable, that he can be an agent in order to be stricter in the *halachah* (לחומרא). Therefore, this is actually considered a loan, with the non-Jew acting as agent.[3]

1. ש"ע סי' קס"ח-קס"ט סעי' א' ובש"ך סק"ד ובט"ז סק"ב.
2. שם סעי' א' ובט"ז סק"א.
3. עיין סי' קס"ח-קס"ט בטור וב"י וגם ברמ"א סעי' ה' דמחמירין כדעת רש"י שיש
שליחות לעכו"ם לחומרא. ועיין שם גם בסעי' ד'. ועיין שם בדברי סופרים שאם עשאו
שליח אלא שאמר לו שלא יאמר למלוה שההלואה היא בשביל ישראל, אלא יעשה
עצמו כאילו הוא הלוה, אין למלוה דין ודברים אלא עם השליח וכמבואר בחו"מ סי'
קפ"ג) רק דאם יש שליחות לעכו"ם לחומרא נתחייב המשלח בעשיית השליח שליחותיה
אף שלא הזכיר שם משלחו. ועשיית השליח נחשב כמעשה המשלח דיד השליח כיד
המשלח. אבל אם הזכיר העכו"ם שם המשלח ולוה בשם ישראל ודאי דאז הדין הוא
שהשליח נפטר מכל אחריות (ש"ך סקל"ד) והישראל ודאי נתחייב כשהגיע המעות לידו

81 What if the non-Jew's loan from Shimon was not at the behest of Reuven but of his own volition. Is there any problem in the non-Jew subsequently lending the money to Reuven?

—No. It is permitted, as the loan from the non-Jew to Reuven is a new transaction and has nothing to do with the first Jew since there is no agency.[4]

82 Is it permitted for a Jew to sell to another Jew a loan with interest owed to him by a non-Jew?

—It is permitted. The loan plus the interest is considered one lump sum, and it is this sum that the first Jew sells to the second Jew.[5] However, one should consult a competent *rav* as to the exact procedure of effecting the sale.

83 Is it permitted to purchase a mortgage from a non-Jew when the mortgagor is a Jew?

—No. It is prohibited, for the end result is that one Jew owes another Jew money which must be paid with interest.[6] (See Chapter Twelve—Ginny Maes.)

דאף דאין שליחות לעכו"ם לא בענין הכא דין שליחות דהעכו"ם מעשה קוף בעלמא קעביד וכשהגיעו המעות ליד הישראל הרי הוא הלוה והוי רבית קצוצה לכו"ע.

4. עיין ברמ"א שם ובש"ך ס"ק י'. ועוד יותר איתא שם ברמ"א שאפילו ידעו כולם שהעכו"ם לוה מישראל אלא שלקח משכון מישראל שני ג"כ מותר.

5. ש"ע סי' קס"ח-ט סעי' י"ח בהגהה בסוף דבריו. וצריך להתייעץ עם מורה הוראה באיזה דרך יהיה המכירה.

6. סי' קס"ח-קס"ט סעי' י' ברמ"א ובט"ז סק"יב שאוסר לקנות החוב בקנין גמור מעכו"ם. והטעם בזה דנראה שהרבית נתרבה על חוב שחייב לישראל. ועיין גם בברית יהודה פרק ל"א סעי' י', ל"ב ובהגהותיו שם.

8

Guarantors and Partnerships

A guarantor co-signs on a loan and thus guarantees that if the borrower does not repay the loan, as agreed, then he (the guarantor) obligates himself to repay it. Therefore, it is possible for situations to arise where the guarantor, as the one who actually pays the loan, is considered to be in place of the borrower. Based on this premise, if the loan was with interest from a non-Jew, then the guarantor becomes a borrower of a loan with interest.

To take this a step further, attributing the status of borrower to the guarantor would also cause us to view the original borrower as having borrowed money from the guarantor whom he must reimburse for the repayment of the loan. If the loan is with interest, the original borrower is now responsible to repay a loan with interest to the guarantor.

The questions in this chapter deal with this problem.

A related topic discussed here is partnerships, which

can sometimes result in similar problems of *ribbis.*

 84 Is it permitted for one to be a loan guarantor for a Jew who borrowed money with interest from a non-Jew?

—If the guarantor is only responsible in the event that the borrower cannot repay, then it is permitted. This type of guarantor is known as an *aurev stam.* Since the lender cannot initially demand repayment from the guarantor, he is in no way considered like the original borrower of the loan. Rather, it is as if he borrows a new loan of the amount of the original loan plus the *ribbis,* and subsequently lends this entire amount to the original borrower.[1]

If the lender may seek repayment from whomever he chooses, either the borrower or the guarantor, this is known as an *aurev kablan.*[2] There is a difference of opinion amongst the *poskim* as to whether the guarantor becomes a borrower immediately or not.

1. סי' ק"ע סעי' א' וש"ך וט"ז שם. והטעם לזה כדאיתא בפנים שערב סתם אין נחשב כלוה כלל מפני שאין המלוה יכול לתבוע ממנו החוב אא"כ תבע קודם מהלוה ואין ללוה לשלם. ולכן נמצא שכשהלוה אינו משלם ואז הערב משלם לאינו יהודי רק אז נעשה הערב כלוה מן הא"י על סכום חדש של קרן ורבית ביחד. ואז גם נעשה הערב מלוה חדש ללוה ישן על הסכום החדש ולכן אין כאן שום רבית בין שני היהודים.

2. בדין ערב קבלן יש מחלוקת במחבר בסעי' א' אם נעשה מיד כלוה לאינו יהודי או לא. וזה תלוי במחלוקת רש"י והרשב"א. ששיטת רש"י אסור וערב קבלן שמיד נעשה לות. ושיטת הרשב"א שמותר ואין איסור אלא בערב בערב שלוף דוץ. ולכן לכתחלה אסור לעשות ערב קבלן. אמנם בדיעבד יש לסמוך על היש אומרים להתירו וכן איתא בש"ך שם ס"ק ב' ובט"ז סק"א. ויוצא להלכה מדברי הב"י דלכתחילה מורין כדעת רש"י ודיעבד היכא דקיימי זוזי שבקינן להו כדין הסתפקות שהמוציא מחבירו עליו הראית. ומסביר הט"ז הנ"ל וכן (מבואר בש"ך הנ"ל) דאם נעשה הערבות בדרך זה שאמר המלוה ממי שארצה אפרע שזה אסור לרש"י ומותר לרשב"א, אי לא פרע לו הלא לא מפקינן מיניה ואי כבר פרע לו לא מפקינן מן המלוה ע"ש. וזה דבר רגיל בבנקים שהערב צריך להיות ערב קבלן.

If the lender must first go to the guarantor, it is *ribbis d'Oraisa* (biblical). This guarantor is called *shaluf dutz* (שלוף דוץ).[3]

Therefore, if one wishes to be a guarantor on a bank loan, the terms should clearly stipulate that he is an *aurev stam*. If, however, the terms require him to be another type of guarantor, then a *heter iska* should be drawn up upon the advice of a competent *rav*.

85 Is it permitted for a Jew to be a guarantor for a non-Jew who borrowed money from a Jew with interest? Do we say that if the guarantor eventually pays the loan then he is actually paying principal plus interest to a Jew, which is *ribbis*?

—As in Question 83, this is permitted if the guarantor is an *aurev stam*. (See Question 82 for explanation.) In this case, however, an *aurev kablan* is not permitted *bedieved* (after the fact).[4]

86 If Reuven gives his bank book as security for a loan by the bank to Shimon, is there any problem?

—If the bank will go directly to Reuven's account for payment if the loan is in default, then it is

3. שם סי' ק"ע. ובהג"ה מפרש שלוף דוץ ערב שמנקה את הלוה כשלוף דוץ שהוא מן עשב שמיבשין אותו ורוחצין בו את הידים להעביר הזוהמא. ובמ"מ איתא שלוף דוץ ששלף את החוב מעל הלוה ודץ אותו על עצמו.
ובספר קרן התורה מסביר שהיום הלואה מבנק שחותם עליו ערב נקרא שלוף דוץ.

4. שם סעי' ב' ועיין בש"ך ס"ק ג' שאסור להיות ערב קבלן אפילו אינו שלוף דוץ משום דנמצא שממונו של מלוה מתרבה אצל הקבלן ואשתכח דישראל מישראל קא שקיל. אבל בישראל הלוה מעכו"ם אע"פ שממונו של מלוה מתרבה אצל הקבלן לית לן בה דהא עכו"ם מישראל קא שקיל רבית ושרי ליש אומרים שאינו אסור אלא בשלוף דוץ ע"ש.

forbidden. This would constitute a guarantor, *shaluf dutz*.[5]

87 If a partner borrows money at interest from a non-Jew for the partnership's use, and the second partner, having signed nothing, is in no way responsible for the loan, may the loan be repaid from the partnership's funds?

—No, it is forbidden. This is because the first partner (not the non-Jew) becomes a lender to the second partner since he made the loan to the partnership. Only the first partner is directly responsible to the non-Jew. When the partnership's funds are used to repay the loan, it is as if the second partner is repaying the first partner. However, if the second partner is also obligated to the non-Jew for the loan (which makes him also a borrower), then it is clearly permitted to repay the loan from the partnership funds. Therefore, there is no problem when both partners sign for the loan and are both considered borrowers.[6]

There are situations when one partner borrows money for the partnership from a bank (non-Jew) with interest and the payments may be made from the proceeds of the partnership without a problem of *ribbis*.[7] However, being that these situations

5. קובץ בית תלמוד להוראה פסקי הלכות אות ס"ה. אמנם עיין בספר וחי אחיך עמך
סעי' י"ג שמסופק שאפשר זה נחשב רק למשכון ולא שעבוד הגוף מצד בעל "הבנק
בוק". וא"כ אם הבנק סומך רק על משכון אין הערב נחשב ללוה כיון שאין לו שום
אחריות על עצמו שלא קבל על עצמו שעבוד הגוף ויהא מותר ע"ש. אמנם לענ"ית
דעתי זהו שעבוד הגוף שיכול הבנק להשתלם ממונו דאיכא ב"בנק בוק" ואין לך שעבוד
הגוף גדול מזה. מפני שאינו יכול לעכב הבנק וגם סכום כל ההלואה והרבית איתא
שם.

6. סי' ק"ע בט"ז סק"ג.

7. האופן היותר טוב לכתחלה הוא ששני השותפין ילוו יחדיו ויחתמו על החוב. בט"ז ק"ע

tend to be complicated, one should consult a competent *rav* before getting involved in such a situation.

It should be mentioned that if one partner secures funds from another Jew (or Jewish bank) with a *heter iska* for the partnership, there is no problem of *ribbis* and the money may be repaid from the partnership funds.[8]

88

Is it permitted for Reuven to pay Shimon to borrow money with interest from a non-Jew and reloan the money to him (Reuven)?

—No. It is clearly forbidden as *ribbis*, for the deal between Reuven and Shimon constitutes a new

---

ס"ק ג' כותב ואם לוה אחד מן השותפים מן הגוי לצורך השותפות אם היה ריוח לשותפות מכסף זה יתן תחלה את הרבית מן הרווחים ואת שאר הריוח יחלקו בין השותפים וזאת רק אם הלוה הוא המתעסק בשותפות או אם שניהם מתעסקים בשותפות. (אבל אסור אם לוה השותף שאינו מתעסק בשותפות) והחוות דעת שם ביאורים ס"ק א' מסביר שכיון שהההלואה נעשית לצורך השותפות הוי ההוצאות על ההלואה כשאר הוצאות השותפות שחלים על כולם ולפי זה גם בעירב כל ההלואה מן הגוי בתוך מעות השותפות מותר. אמנם בברית יהודה מדייק משו"ע הרב סעי' ס"ד שדוקא בלא עירב. ועיין גם בשו"ת מהרש"ם ח"ז סי' כ"ג שבדיעבד אם עירב והיו רווחים אז מותר ליתן מכסף השותפות שהריוח שייך למי שלוה את הכסף. ודומה לזה איתא בבית דוד סי' פ"ז שמעיקר הדין מגיע כל הריוח מכסף זה לשותף שלוה הכסף מן הגוי ומה שנותנים לשני מהריוח הרי היא בתורת מחילה ובאמת אין לשותף השני כל זכות תביעה בזה. ודעתו גם דוקא כשהשותף שלוה הוא המתעסק לבד אבל כששניהם מתעסקים אז שייך לשניהם הריוח.

מ"מ אם לא היה ריוח בשותפות מהלואה זו אז אסור ללוה ליקח כסף מהשותפות כדי לשלם הרבית רק ישלם מכיסו ולא יועיל אם נעשה ההלואה בידיעת השותף השני. ויש חולקים עליו.

ועיין בספר תורת רבית פרק כ"ז אודות כל הדברים הנ"ל.

איתא בחכמת אדם קל"ב סעי' ח' ובבית הג"ל שעצה שלא יפול באיסור רבית הוא שלכתחלה בעת עשיית השותפות יתנו (תנאי) השותפים שיש רשות לכל אחד ללוות מן הגוי או בהיתר עסקא. ואם מנהג השותפות היא שאחד מן השותפין לוה וחותם וזה מחייב גם השני אז מותר לעשות כן (וחכ"א הנ"ל).

8. בט"ז שם.

loan for interest. Therefore, even if Reuven pays the money to the non-Jew, it is forbidden.[9]

89 Is it permitted to pay a fee to someone to be a general guarantor (i.e. *aurev stam*, which is permitted in Question 83)? Or do we say that if the guarantor will end up paying the loan and the borrower repays him, the extra fee would then constitute *ribbis*?

—It is permitted since the payment of the fee to the guarantor is not due to any loan between the borrower and the guarantor, as the guarantor never really expected to pay the loan. The purpose of paying the guarantor was to help the borrower secure the loan in the first place.[10]

However, it is certainly forbidden if the fee paid is in order that the guarantor immediately present his own note to the lender. For in this case, the guarantor is considered to have borrowed from the non-Jew, the original borrower is considered to have borrowed from the guarantor, and the fee will be considered *ribbis*.[11] This is similar to Question 87.

---

9. מבואר שם בט"ז.

10. עיין שם בנה"כ שמיקל בערב שלוף דוץ היכא שאין שם רבית אם מפרש שנותנו בשביל שכר טירחא. ויש מחמירים בכל אופן בערב שלוף דוץ.

11. שם בט"ז.

9

Securities and Benefits

The term "security" in this chapter refers to some type of collateral which is put up to guarantee repayment of the loan; if monetary repayment is not forthcoming then the lender takes possession of the security.

90 Is it permitted to rent out a house or a field for a ridiculously low price? For example, if the property would ordinarily be worth five thousand dollars a year and the owner is only asking one hundred dollars, is there any reason to say that because of the tremendous gain of the tenant it appears as *ribbis* and is therefore prohibited rabbinically?

It is permitted, and there is clearly no *ribbis* here since this is merely a case of rental where no loan is involved.[1]

However, if one lends another an amount of

---

1. ש"ע סי' קע"ב סעי' א'.

money with the condition that the borrower trans-
fer his (the borrower's) house to the lender as
security for the duration of the loan and the bor-
rower must pay rent during this time to the lender,
then it is forbidden as the rental payment consti-
tutes *ribbis*.[2]

91

Reuven borrowed $50,000 from Shimon for five
years. Reuven then gave Shimon the use of a
certain property for the duration of the loan. The
ridiculously small amount of $1,000 was to be
deducted each year from the principal for the use

---

2. ואפילו אם איש שלישי שוכר הבית מהמלוה ועכשיו הלוה צריך לשלם שכירות
לשלישי אסור לכתחלה לעשות דבר כזה ויש אומרים דהוי איסור דאורייתא. עיין סי'
קע"ב סעי' ב' ובטור שם בשם רמ"ה. ועיין גם כן סי' קס"ד סעי' א' שמדברים פה
במשכון סתם שאינה משכנתא דסורא. ע"ש בש"ך ס"ק ט' ובט"ז ס"ק ז'.
ועיין להלן מס' 3.

3. מכיון שדיני רבית בנוגע הלואה במשכון מסובכין בחילוקיהם ובכמה שיטות
הראשונים שמדבריהם יוצא הלכה למעשה חשבתי לרשום פה עיקר היסודות שעליהם
בנויים ההלכה בשלחן ערוך.
כאן בש"ע (סי' קס"ד, קע"ב) מדברים שהלוה נותן למלוה משכון דהיינו בית או שדה
להשתמש בו ולאכול הפירות כל זמן ההלואה. מ"מ ממה שאוכל הפירות אינו מנכה
ללוה כל סכום ההלואה, רק חלק מועט ממנו שמחשבים שויית השתמשות הבית או
השדה בסכום יותר בזול ממה שהיו מחשבים השתמשות אם לא היה משכון. ובסוף
זמן של ההלואה ישלם הלוה הלוה מה שנשאר עוד מההלואה. וזה נקרא משכנתא
בנכייתא.
יש מקומות שנקראים אתרא דמסלקי דהיינו שמנהגם הוא שהלוה יכול לפרוע כל
החוב אפילו תוך זמן ההלואה ויסלק המלוה ממנו וגם ינכה מהסכום כמה שנים אכל
המלוה את הפירות.
ויש מקומות שנקראים אתרא דלא מסלקי דהיינו שאין הלוה יכול לפרוע הכל תוך
זמן שקצבו שיהיה השדה למלוה. רק צריך להמתין עד סוף זמן ההלואה ולכן אינו יכול
לסלק המלוה וכל זה מבואר במס' ב"מ (דף ס"ז). החילוק ביניהם הוא דבאתרא דלא
מסלקי יותר דומה למכירה או לשכירות מאתרא דמסלקי וכמובן, וכדהלן.
בש"ע יש מחלוקת בין המחבר לרמ"א שהמחבר חולק על שתי השיטות שמביא
הרמ"א וכדלהלן.
א) שיטת המחבר-שאין היתר למלוה לאכול מן הפירות רק במשכנתא דסורא.
דהיינו כותבים בשטר "במשלם שניא אילין תיפוק ארעא בלא כסף." ז"א שכותב לוה
למלוה שיאכל הפירות כך וכך שנים ואח"כ תחזור השדה ללוה בחנם ולא ישלם הלוה

of the property. (Obviously the real value for the property use per year should be at least ten times this amount, actually wiping off the loan totally after five years.) This would leave a balance of $45,000 at the end of the five year term. Is it considered *ribbis* being that the real value that Shimon enjoyed was much more than the $50,000 he lent to Shimon?

—No, it is permitted. The $1,000 per year is considered as a low rent which is the prerogative of the borrower.[3]

כלל בשביל ההלואה. וזהו דעת הרי"ף שאין היתר רק במשכנתא דסורא וטעם ההיתר הוא שזה נחשב כשכירות (כדאיתא במחבר וברמב"ם) ולא כהלואת. ובדברי ראשונים אחרים נחשב כמכירה. ומ"מ אין כאן רבית. וכולא עלמא מתיירים במשכנתא דסורא. וההיתר אפילו באתרא דמסלקי (וכדאיתא במחבר וברמב"ם וכן דעת הרמב"ן לפי דברי המ"מ. רק הראב"ד חולק על זה.)

ב) שיטת רש"י היא הי"א הראשון שמביא הרמ"א (סי' קע"ב סעי' א') דאפילו בלא משכנתא דסורא יש היתר ללוות לזמן קצוב כך וכך שנים. אפילו אם הלוה יוכל לסלקו תוך הזמן ומנכה לו כל שנה ושנה אפילו דבר מועט מותר. וזהו מקרי משכנתא בנכייתא. ואם לא מנכה ליה כלום אסור והוי אבק רבית אבל רבית קצוצה לא הוי כי יש אפשריות שהשדה לא יעשה פירות שהכרמים לוקין ויפסיד. והטעם הוא, דכיון שמנכה לו מן החוב דבר קצוב לשנה נראה כמוכרו לו, ויורד בספק, דאפילו אם יהיה הפסד ולא יעשה פירות מ"מ ינקה לו אותה קצבת. (רש"י ס"ז: ד"ה באתרא, סב: ד"ה ובדיננו).

ואם אין הלוה יכול לסלקו תוך הזמן אפילו בלא נכייתא מותר דכיון שאין הלוה יכול לסלק את המלוה, נחשב כמכירה ולא הלואת. (רש"י שם סז:)

ויש להעיר פה שמה שהזכרנו לעיל בדברי המחבר שהמשכון בית או שדה, באמת יש מחלוקת בין רש"י ור"ת בעניין בית (והובא מחלוקתם בט"ז סק"ב). שרש"י סובר (סד: ד"ה קמ"ל) שאסור להלוות על בית ולדור בו אפילו בנכייתא מפני שנהנה תמיד ואין כאן ספק הפסד ולכן הוי קרוב לשכר ורחוק מהפסד. משא"כ שדה דזמנין דלא שקול ביה מידי ואפי' הכי מנכי ליה והוי לא ליה קונה את הפירות בנכייתא זו על ספק. ור"ת סובר (שם ד"ה ולא) דבית נמי זימנין דלא שקיל מידי, או נופל או נשרף או שלא יצטרך לו.

והרמ"א (סי' קע"ב) פוסק כר"ת שאין חילוק בין בית ושדה. אמנם החוות דעת כותב שדברי רש"י ברורין ומ"מ נ"ל דאם התנה שאפילו יפול וישרוף דמי הנכייתא דאפי' לרש"י שרי ע"ש (סק"ד בביאורים).

ולהלכה נראה שרוב פוסקים סומכים על דברי הרמ"א.

92 Is every benefit resulting from a loan and enjoyed by the lender considered *ribbis*?

—No (see next question). According to *Halachah*, Reuven may transfer his field as a security to Shimon for a loan, and continue to eat the fruits of his field (i.e. reap any profits from the field). The lender may further stipulate that if the borrower (Reuven) will at some future point decide to sell the field then he must sell it to him (Shimon) for the fair

---

ג) שיטת חרשב"א-היא חל"א השנייה שמביא חרמ"א. והוא חולק על רש"י וסובר שבאתרא דלא מסלקי מותר רק בנכייתא. וטעמו תוא דבמקום דלא מסלקי חוי אבק רבית ולכן אין היתר אלא בנכייתא.

היוצא משני חל"א שמביא חרמ"א שבנכייתא הכל מסכימים שמותר בין באתרא דמסלקי ובין באתרא דלא מסלקי ואפילו אם יש כח ביד המלוה לגבות חובו שרי כיון דהוי בנכייתא (ש"ך סק"ז) ואין חילוק בין שדה לבית או שאר מטלטלי. וכל זה לא מיירי אלא כשאחריות המשכונות על המלוה אבל כשהלוה כותב לו אחריות על שאר נכסיו ולא יוכל להגיע למלוה שום הפסד, אסור.

וצריכים להבין דעת המחבר מדוע דוקא משכנתא דסורא מותר אבל משכנתא בנכייתא אסור, כשני חל"א שמביא הרמ"א. ועל זה יש כמה דעות.

המ"מ כותב בשם תרמב"ן (הובא בש"ך סק"א) דבמשכנתא דסורא אין המלוה יכול לכוף את הלוה לפרוע חובו ולכן נראה כמכירה או שכירות משא"כ במשכנתא סתם אם רצה תובע חובו ממנו ולכן לא נראה כמכירה או כשכירות.

התוס' (ס"ז ריש ע"ב ג"כ הובא בש"ך שם) כותב דטעם ההיתר דמשכנתא דסורא משום שכך כותב לו בשטר במשלם שניא אילין תיפוק ארעא דא בלא כסף וכיון שקצב סכום כל השנים ופירש כן בשטר מחזי כמכר לכל אותן השנים, אבל במשכנתא סתם שאינו כותב לו כך אלא מנכה כל שנה ושנה בפני עצמה נראה כאילו מוזיל לו פירות אותה שנה בשכר מותר ההלואה ואפילו אם אינו עושה חשבון חדש בכל שנה מ"מ כיון שלא קצב סכום כל השנים לפרש בשטר שניא אילין וכו' מחזי כהלואת.

הגמוקי יוסף והר"ן כותבים דשאני משכנתא דסורא דלאו הלואה היא כלל דאפילו במקום שנהגו שהלוה יכול לסלק את המלוה מ"מ מאחר שנתן לו המשכנתא על דעת שינכה לו על ידי זה כל החוב נראה ואין המלוה יכול לסלק לעולם לאו הלואה היא דכל שאין כח ביד המלוה לגבות חובו כלום ולהחזיר הקרקע ללוה לאו הלואה היא אלא שכירות. משא"כ בסתם משכנתא בנכייתא לא פקע מינה שם הלואה דכיון שלא נתן לו המשכנתא אדעתא שינכה שינכה החוב מקצתו רק מקצתו ובגמר שני המשכנתא יש כאן אכתי חוב דהלואה, נמצא דהוי הלואה אלא שפורע חובו ע"י אכילת הפירות וכיון שמוזיל לו הוי רבית.

אמנם ההלכה כרמ"א כדכתבנו למעלה.

market value; it is based on this condition that he lends the money to Reuven. Shimon will then have first rights to the field, even though in normal circumstances the neighboring proprietor has first rights to a property that is put up for sale. This is permitted, for even though the lender circumvents the inherent right of the bordering field owner, this is considered a side benefit that comes automatically and not something which involves a cost to the borrower. (See Question 30.)[4]

93 Can a borrower show his appreciation to the lender by giving a gift to the lender's son after the loan had been repaid?

—Yes. It is permitted, as long as the son is financially independent of his father. Since this was not a condition of the loan and the father does not benefit from it, there is no problem of *ribbis*. Similarly, the borrower would be permitted to make a donation to a *yeshivah* or *shul* with which the lender is associated.

94 Reuven lent money to Shimon and took some of Shimon's tools as security. Is Reuven allowed to

4. סי' קע"ב סעי' ד'. ומביא הט"ז סק"י קושיא בשם הלבוש מדוע אין זה נחשב דוחה המצרן. דה"ל הנאת דחיית המצרן רבית גביה דהא אין לו שום קנין בקרקע. ומסביר הט"ז דאין כאן שום רבית במה שהמלוה נהנה בדחיית המצרן דהא אין הלוה נחסר כלום. דאל"כ יהיה אסור להלוות על משכון מטלטלים דהרי נהנה המלוה בפרוטה דרב יוסף דמטעם זה חשוב ליה שומר שכר (וח"מ סי' ע"ב סעי' ב') "אלא פשוט שמותר למלוה ליהנות כל הנאות מה שאין הלוה עסק בהם" (ומביא שם עוד ראיה ע"ש) עכ"ל. ועיין בברית יהודה פרק י' אות ב ד"ה ועי' טו"ז. וגם החוות דעת מסכים לטו"ז.

ולפי דברי הט"ז יש להבין מדוע דבור של לוה אסור אם זה היה מחמת ההלואה והמלוה נהנה כדאיתא בסי' ק"ס. והלא אין הלוה נחסר כלום? ויש לומר שברבית דברים יש דרשה ממלת "דבר" (דברים כ"ג, כ') לא תשיך לאחיך נשך כסף נשך אכל נשך כל דבר אשר ישך. ובדיבור לא שייך נשך ולכן אסור אפילו אין הלוה נחסר, והבן.

use Shimon's tools which are in his possession?

—No. It is prohibited.[5]

95 In the same situation as the previous question, would the prohibition apply if using Shimon's property would be beneficial to Shimon? For example, can he use property that would otherwise become run-down from disuse (e.g. a horse for field work, or a tool that would accumulate rust from disuse, etc.)?

—It is prohibited, since it is *ribbis* nonetheless.[6]

96 In the same question as above, what if the security were silver utensils? Would it be permitted for Reuven to display them in his house since he derives pleasure from this?

—Yes. It is permitted as this is not considered using them, but it is a pleasure that happens incidently.[7]

---

5. ש"ע סי' קע"ב סעי' א' ובברית יהודה פ"יד ס"יח דבזה מקרי משכנתא בלא נכייתא ואסור.

6. סי' קס"ז בט"ז סק"ז סק"א גבי עבד שלא ילמוד דרך הבטלה.

7. חוות דעת מתיר דהוי הנאה דממילא.

10

Notes, Commodities and Exchanges

When one sells a note of indebtedness it will always be for an amount less than the face value of the note. The extent of the discount will depend on the amount of time that will elapse before the note matures and the relative risks involved in the collection of the debt. Since the purchaser pays a lesser amount than the face value, problems of *ribbis* may arise.

Another potential *ribbis* situation arises when one borrows an item which is consumed, such as food, and finds that at the time of repayment the price has risen.

An important rule in such situations is that, from a *halachic* viewpoint, the value of an official denomination of a particular government, such as a U.S. dollar, remains constant and does not fluctuate. Rather, the rise and fall of prices is due to the fluctuation of the value of the commodities.

 If someone holds a note of indebtedness (I.O.U.) or is owed money through an unrecorded loan, is he permitted to sell his right to a third party even if the loan has still not matured? Is the eventual profit that the purchaser of the note will enjoy considered *ribbis* since there is a loan involved?

—It is not considered *ribbis*, and it is permitted, provided that total responsibility for the note is assumed by the purchaser of the note (third party). The lender may retain no responsibility for the note except for guaranteeing that it wasn't already paid or that no previous lien has been placed on it.[1]

98 In the same circumstances as in Question 97, is it permitted to sell the note directly to the borrower and not to a third party?

—Yes. It is permitted and there is no question of *ribbis* at all. The lender is simply forgiving a part of the borrower's debt.[2]

99 Is there any problem of *ribbis* for a woman to lend a cup of sugar to her neighbor with the understanding that when the neighbor will purchase more sugar, she will return the cup of sugar even though the price of sugar may be higher at the time of repayment?

—No. It is permitted in America. This is due to certain conditions connected with our economy plus other technicalities.[3]

---

1. ש"ע סי' קע"ג סעי' ד'.
2. שם. אין כאן רק שהמלוה מוחל חלק ללות.
3. מעיקר הדין היה אסור שתולה פירות בפירות ואם הפירות עולים בשוויים אז יוצא שמשלם רבית וזה נקרא סאה בסאה וכדאיתא בסי' קס"ב.
אמנם היום יכולים לסמוך שבכל יום יש שער קבוע בשוק. עיין סי' קס"ב סעי' ג'. וגם

100 Reuven lends his car to Shimon with the gas tank half full. After using it Shimon wants to show his appreciation and he returns the car with a full tank. Is there any problem of *ribbis*?

—The car itself falls under the category of borrowing an object (שואל) and returning the same object. The question here is in regard to the gasoline. Since it is used up and is similar to a loan, perhaps there is a problem of *ribbis*. In truth, however, since the lender did not request the replacement of gasoline, he actually meant the gasoline to be a gift. Therefore, there is no problem of *ribbis*, for if Reuven gives Shimon a gift unconditionally and Shimon afterwards gives a more expensive gift to Reuven there is certainly no question of *ribbis*.

However, if Reuven stipulates that the gasoline used by Shimon be replaced by him and Shimon added an extra half tank, this would be forbidden as *ribbis*. This would also hold true, even if there was no discussion about the gasoline, if the accepted practice is to replace the gasoline. The

יוצאים לפי הש"ך שם סק"ט שכל אחד יודע שיש שער בשוק אפילו אינו יודע בדיוק מהו השער וא"כ ג"כ מותר. ובדיעבד אפילו לא ידעו שיש שער ובאמת יצא השער ג"כ אין איסור. וע"ש בט"ז סק"ז טעם הדבר. ועוד יש להוסיף שהיום רוב פעמים יש ללוה מעט מאותו המין וזה ג"כ היתר כדאיתא שם בסעי' ב'.

וברוב פעמים בעניינים אלו משאילים דבר מועט כגון ככר לחם בככר לחם וזה מתיר שם הרמ"א בסעי' א'. מיהו אליבא דדינא אפילו במדות גדולות כגון סאה בסאה ממש יכולים לסמוך על הטעם הראשון שכבר יצא שער קבוע בשוק.

יש להבין החילוק בין מלוה מטבע במטבע שמותר או סאה בסאה שמעיקר הדין אסור.

הענין הוא, שמה שאומרים שעכשיו המטבע שוה יותר אין הטעם שהמטבע עלה בשויו אלא המטבע קבוע אבל הפירות ירדו בשוויים ומשום הכי אותו המטבע קונה יותר פירות. ולכן כשמשלם מטבע במטבע כדרך העולם לא נשתנה המטבע כלום רק הפירות נשתנו. אבל לתלות מטבע בפירות או פירות בפירות סאה בסאה אסור שזהו רבית אם מתעלה. וכל זה מבואר במס' ב"מ דף מ"ד. ועיין בב"י סי' קס"ב בשם הרשב"א שמטבע ממדינה אחרת נחשב כפירי.

reason is, that something which is automatically understood by both parties is considered as if it were specifically discussed between them.[4] (See Question 2.)

101 Reuven wishes to lend Shimon a sum of money without interest. However, since the loan is for a period of time, Reuven would like to be reimbursed for any loss based on the cost of living index so that his money won't go down in value. Is there any problem of *ribbis*?

—Yes, and it is forbidden. The larger payment due to the increase in the cost of living is considered *ribbis*.[5]

102 Reuven lends Shimon ten dollars, but instead of giving the loan in the form of money he gives Shimon ten dollars worth of fruit. If the price of the fruit has dropped by the time the loan comes due, may Shimon repay ten dollars worth of fruit even though he will be giving back more fruit than he received?

—Yes. It is permitted, for in fact the loan was for a monetary value and fruits were just used in place of money.[6]

---

4. עיין חות דעת סי' קס"א סק"א בביאורים.

5. תשלומים אלו ג"כ תלויים במחיר פירי וא"כ אסור כלעיל (הגה"ה 3.) שמדד יוקר החיים תלויה ביקרות מחירי הפירות.

6. ולא רק מותר לעשות כן אלא שזה עצה טובה שלא ליפול באיסור סאה בסאה. וכדאיתא בסי' קס"ב סעי' א' "אסור ללוות סאה בסאה ... אם לא שיעשנו דמים ואם לא עשהו דמים ונתייקרו נותן לו הדמים שהיו שוים בשעת הלואה ואם הוזלו נותן לו הסאה שהלוהו."

103 Reuven lends money to Shimon by check but requests to be repaid in cash. Is there any problem of *ribbis*?

—If Reuven only asks for the cash at the time of repayment, there is certainly no problem. As long as Shimon does not pay any extra money, he may repay the loan in any acceptable manner.

Even if at the time of the loan Reuven stipulates that he be repaid in cash, there is still no problem of *ribbis*. The reason is that cash itself is not worth more than a valid check, and being saved the bother of depositing the check is not considered *ribbis*,[7] for the lender has the right to require the borrower to repay the loan by making a direct deposit to his (the lender's) bank. This is because the borrower is obligated to go to the place of the lender to repay his loan.[8] (Many times the repayment in cash must be deposited in order to be able to draw checks against it.)

104 Would the same rule apply if one lent food stamps with the stipulation to be repaid with cash?

—No. It is forbidden, since the lender is gaining by receiving cash, which has greater buying power.[9]

105 Reuven lent Shimon a sum of money in *shekalim* in Eretz Yisrael. After Reuven returned to America, Shimon sent his payment in dollars. Is there any

---

7. עיין ברית יהודה פרק י"א ס"ק ל"ז.

8. ש"ע חו"מ סי' ע"ד סעי' א'.

9. עיין קובץ בית תלמוד להוראה מאת הרה"ג הרב יחזקאל ראטה שליט"א קובץ ד' בפסקי הלכות אות מ"ה.

problem of *ribbis*, being that in the usual course of events the *shekel* becomes worth less and the dollar buys more *shekalim* and so these dollars are worth more than the original *shekalim* that were loaned?

—The majority of *poskim* hold that it is permitted, since the dollar in Eretz Yisrael is considered money just as *shekalim*. Therefore, Shimon is actually returning the exact amount of dollars that the *shekalim* were worth at the onset of the loan.[10] Other *poskim* who forbid this maintain that since legally one may not spend dollars in Israel and all official business must be conducted in *shekalim* (e.g. one cannot buy a bus pass for dollars), therefore, the dollar is considered a commodity. Consequently, if the *shekel* fell in value and the dollar is worth more, it is forbidden to repay the loan in dollars.

Even though the majority of *poskim* are lenient, it is preferable to draw up a *heter iska* at the outset if one intends to pay back in dollars. After the fact (בדיעבד), one may certainly rely on the lenient opinion.[11]

106 What is the *halachah* if the same situation occurs in Canada or England?

.10 היש מתירים לומדים שאעפ"י שמטבע חוץ ברגיל נחשב כפירי (כדהבאנו בשם הרשב"א סוף הגהה 3.) מ"מ בא"י הגם שמוכרים ולוקחים בשקלים אבל באמת הכל תלוי שם בדזולר והדזולר קבוע כמטבע והשקלים משתנים בכל עת ולכן אין הדזולר נחשב שם כפירי אלא כמטבע. והש"ך סי' קס"ב סק"ד מביא בשם תרומת הדשן דבמקום שהמטבע כסף אינו חשוב מפני שמערבים בו הרבה נחושת, אז אמרינן דדינר זהב הוי מטבע וזה דומה למצב של דולרים בא"י.

.11 ההיתר נוהג רק אם לא התנו שאם יפול הדזולר אז משלם שקלים כבראשונה ואם יתייקר הדזולר אז משלם איך שצמוד לדולר. דאז הוי קרוב לשכר ורחוק מהפסד ואסור מטעם רבית ופשוט.

—It is forbidden. The permissive view only applies to Eretz Yisrael, as explained above in Question 104.[12]

107 Reuven borrowed $5,000 from Shimon and doesn't have the cash to repay the loan. Is it permitted for him to transfer a certificate of deposit to Shimon which is now worth $4,000 but after three years will be worth $6,000?

—If the borrower may transfer ownership of the certificate of deposit to be in the name of the lender, then the lender accepts the certificate of deposit of $4,000 in full payment of the loan. Any growth of the certificate of deposit is while it is in the full possession of the lender and so it is his investment which reaps profits, and there is no problem of *ribbis*.[13] However, if the borrower is not able to transfer title and ownership to the lender, even though, for all intents and purposes, he transfers ownership, it is forbidden.[14]

---

12. רק שם בא"י סומכים הכל על הדזלר אבל במדינות אחרות צריכים ליזהר מאוד כי שם המטבע חוץ נחשב כפירי כדהבאנו לעיל וכן באמריקא מטבע חוץ נחשב כפירי.

13. ש"ע סי' קס"ב סעי' ב' ובש"ך סק"ז וצריך לעשות קנין המועיל, ע"י מורה הוראת.

14. ממילא נשאר ה"סי די"' ברשות הלוה ונתייקר ברשותו והוי רבית.

11

General Business Situations

Ribbis effected through a loan is a biblical prohibition.[1] Whereas when effected through buying and selling, it is a rabbinical prohibition.[2]

There are two types of transactions in which the problem of *ribbis* is present.

a) When one sells merchandise to his friend on credit,[3] the buyer acquires the merchandise in the proper way (קנין) and becomes its full owner, but very often, he doesn't pay for it until some future date. Since the seller has to wait for his money, he charges the buyer a higher price than the merchandise was actually worth at the time of acquisition, so in effect, he charges for waiting. This is known as *agar natar*.

---

1. סי׳ קס״א סעי׳ א׳.
2. סי׳ קע״ג.
3. זאת נקראת טרשא ב״מ סה. ופירושו, נאמנות שמאמינו שישלם לו לאחר זמן, אבל הסחורה קונה מיד במשיכה וכו׳.

b) A person advances money for goods but does not actually acquire them until some future date.[4] Because of the payment in advance, the seller delivers more merchandise than the actual value at the time of payment. The seller either lowers the price of the merchandise, or guarantees to deliver the full amount of merchandise even though their price is higher at the time of delivery. The seller is willing to pay the difference in price because he had use of the money for an extended period of time.[5]

The source of the prohibition in both instances is the obligation to pay. In the first instance of "credit," the obligation is on the buyer to pay the money he owes. In the instance of "advancing payment," the obligation is on the seller to deliver ("pay") the goods. In both cases, the payment was for a greater amount in return for a waiting period before payment.

Therefore, in the instance of "credit," the fact that the acquisition of the goods was effected is pivotal to the prohibition of *ribbis*. It is because the buyer actually acquired the goods that he became obligated to pay for them, and paying a higher price because the seller had to wait for his money constitutes *ribbis*. Had there been no acquisition, there would have been no obligation to pay and no *ribbis*.

In the instance of "advance payment," the opposite is true. Since there was no acquisition of merchandise[6] the money advanced is not considered a payment. This money in reality is considered a loan to the seller until the merchandise is delivered and at such time acquired.

---

4. זאת נקראת פסיקה על הפירות ב"מ ע"ב: וזה להיפך מן טרשא. שהקונה מקדים מעות ואינו קונה הסחורה רק לאחר זמן.

5. זה מבואר בסי' קע"ה.

6. דמעות אינן קונות.

Therefore, if the buyer receives a greater amount of goods than the original purchase price, it is considered *agar natar.*

In both instances, the one responsible for the goods is considered the owner,[7] and this is the determining factor as to whether the situation is viewed as a loan or a sale.

Although this chapter deals mostly with questions relating to business, many of the questions discussed are applicable to non-business situations as well.

108 Is there a problem in buying commodity futures from a Jewish investment firm, since the buyer gives money at the outset but does not receive the goods until a future date? Is the money considered a loan so that the later delivery of the commodities, if they are worth more than the initial investment, would constitute *ribbis*?

—It is permitted, since the investment firm is not the seller. The seller doesn't enter the picture until the actual date of purchase takes place. Until then the firm is merely the intermediary between the buyer and seller. The money paid to the firm is actually payment for their service plus a sizeable deposit which acts as security. This security is deposited in a bank and the interest earned is used as payment for the firm's services. Therefore, since in fact there is no seller when the money is given, there is no loan, and consequently, there is no *ribbis*.[8]

---

7. דמי שהאחריות עליו נחשב לבעל החפץ. ופרטי דיני אחריות ואיזה סוג אחריות מורה על בעלות ודיני טרשא ופסיקה מבוארים בסי' קע"ג.

8. בסי' קע"ה סעי' א' איתא אין פוסקין על הפירות על שער של עיירות מפני שאינו קבוע

109 Reuven gives Shimon $100 worth of goods to be resold with the stipulation that they must be sold for a minimum of $150, which will belong to Reuven, and any amount in excess of $150 will belong to Shimon. He further allows that in the event the goods cannot be sold, they will simply be returned to Reuven. Shimon bears no responsibility for any unforseen accidents. Is there any problem of *ribbis*?

—No, it is permitted. Since the so-called "buyer" can return the goods if he can't sell them, the goods are considered as a deposit and not a loan. At the time they are sold, the money becomes a loan and so there is no *ribbis*.[9] However, if Shimon were to be held responsible for the goods it would be considered a loan and would be forbidden.[10]

110 In the usual business practice of allowing thirty days for payment of bills and charging an extra amount if paid between thirty and sixty days (net 30; 30-60 add 5%), is there any problem of *ribbis*?

—Yes, and it is forbidden.[11]

וכו' אז רואים שאסור לתן מעות עכשיו בשביל פירות של שנה הבאה מפני שעדיין לא בא השער לעולם ושיכול הפירות להתייקר. אבל כל זה רק בין מוכר ולוקח אבל כתבנו בפנים שאין משלמין מעות למוכר רק לחברה וחלק המעות הוי בשביל שכר טירחא וחלק הוי משכון. וא"כ באמת אין פה שום הלואה. ולכן אין כאן איסור רבית.

9. ש"ע סי' קע"ג סעי' י"ד עפ"י ביאורי הש"ך והט"ז שם. והסברא כבפנים שעד זמן המכירה המה כפקדון אצלו מכיון שיכול להחזירם. ורק אחר המכירה נעשה המעות שבידו הלואה ולכן אין כאן רבית. ואעפ"י שהלוקח (היינו המקבל הסחורה למכור) חייב בגנבה ואבדה או החמיצה אם היה יין אין שום רבית. ע"ש.

10. שם. מכיון שהיתה הלואה מאותו רגע שלקחן הוי רבית.

11. איסורו כדאיתא במשנה (ב"מ ס"ה) אין מרבין על המכר. וכן נפסק בש"ע סי' קע"ג סעי' א'.

111 Reuven bought goods for $150 and issued a check for this amount to the seller. He then requested that the seller hold the check for two weeks. The seller complied but demanded an additional $.50 for holding the check. Is there any problem of *ribbis*?

—Yes, it is forbidden. This is a classic case of *agar natar* (i.e. charging money for having to wait before collecting monies due).[12]

112 If neither the borrower nor the lender are certain of the exact amount of the loan, may the borrower add the minimum amount that he is sure will cover any doubt in order not to have any stolen money in his possession?

—It is clearly permitted for the lender to add that amount of money which is necessary to clear his conscience. The reason is that his intention is to fulfill his obligation and not to pay any sort of interest.[13]

113 Reuven damaged Shimon's property. Being that his payment for the damage was gradually paid over a year's time, Reuven added an amount of money to compensate for the delay and to express his appreciation for Shimon's patience. Is there any problem of *ribbis*?

---

12. ש״ע סי׳ קע״ג סעי׳ א׳, ג׳.

13. עיין בברית יהודה פרק ה׳ ס״ק ל״ה כגון שמסופק בסכום ההלואה פשוט שמותר להוסיף לו עד שיצא הספק מלבו, אע״פ שמדיני אדם אינו יכול לחייבו וכן כתב בתמים דעים להראב״ד סי׳ ס׳ שאם רוצה לצאת ידי שמים מפני שחושש שמא חייב לו אין חשש רבית, אלא שצריך הלוה למחול למלוה שלא יהא עליו עונש גזל ורבית במה שמוסיף לו.

—No. It is permitted since there is no loan between the two parties. (See Question 145 and footnotes.)

114 Is it permitted to give a deposit on a bungalow at the end of one season for the following season?

—It is permitted. This is nothing more than buying the right to "first choice," and not advancing money for use of the lessor during the winter months, which would constitute *ribbis*.[14] Even if the purpose of pre-payment is so that the lessor will not raise the rent for the coming year, there is no problem of *ribbis*, since he is merely acquiring his bungalow in advance (קנין קרקע).

115 Similar to the above question, is it permitted to give advance rental payments at a discount price on an apartment if he will not occupy it before a few months?

—If the apartment is available for immediate occupancy, it is permitted, since he is merely pre-paying on something which exists and is available which does not constitute *ribbis*.[15] However, if it is impossible for him to move in immediately (for example, if it is currently occupied by another tenant, or if the complex has not been constructed yet), it is forbidden. In this case, the commodity doesn't exist and when it will exist it will cost more, so the pre-payment is considered *agar natar*.[16]

---

14. אפשר יש לדמות לקונה הורמנא דמלכא (או"ח סי' רמ"ד סעי' ו') ועיין גם בספר ברית יהודה פרק כ"ז ס"ק ב'.

15. עיין סי' קע"ז סעי' ו' ובש"ך ס"ק ז. ש"ע התניא סי' ט"ז; נקודת הכסף סי' קע"ה; ברית יהודה פרק כ"ז. ובקיצור כבר יש לו קנין בדירה וא"כ אין כאן הלואה ויכול להוזיל לו.

16. עיין דרוש וחידוש רע"א ב"מ ע"ב.

116 Is there anything wrong in pre-paying for a house which is not yet built?

—If the total payment for the house is cheaper because of the advance payment, it is forbidden since the house doesn't exist yet so there is really no sale, only a loan. Therefore when the house is completed and is worth more, there is an *issur* of *agar natar.*[17] However, it is possible to accomplish the above with a *heter iska.*

117 Is it permitted to pay a pre-publication price for journals or magazines or newspapers that have not yet been printed in order to pay a lower subscription price?

—No. It is forbidden as explained in the previous question.

118 Is it permitted to pay a pre-publication price for a *sefer* or a set of *sefarim*?

—There are special considerations to rule leniently in the case of *sefarim* as explained in the footnote

---

17. עיין בברית יהודה פרק כ"ד ס"ק ל"ח ד"ה בזמננו, שזה נחשב דבר שלא בא לעולם ואע"כ הוי הלואה ולא מקח. ויש להוסיף במה דאיתא בש"ע סי' קע"ג סעי' ז' שבמקח וממכר אם מקדים מעות לקנות דבר שׁשוה י"ב ב"י', אם ישנם ברשות המוכר אלא שאינו מצוי לו עד שיבא בנו או עד שימצא המפתח מותר. וכאן בשאלתנו אין שום בית בעולם ואפילו היה בנוי קצת אבל אינו ראוי לדירה כלל משמע ג"כ שאין נחשב ברשותו. ומכאן רואים חילוק גדול בין הלואה למקח וממכר שהבאנו גבי סאה בסאה (והנה"ה Chapter 10:3) שאם יש ללוה מעט מאותו המין אז מותר שנחשב שכבר ברשות המלוה מונח ולכן אפילו יעלה שויית הסאה אינו רבית שנחשב שנתעלה ברשות המלוה. אבל במקח וממכר צריך המוכר להיות בידו כל החפץ אם אינו נותנו ללוקח מיד ואם לאו, הוי הלואה ואסור מטעם רבית. ועיין שם עוד דרכים שאפשר לקנות בהיתר אפילו מקדים המעות. ומ"מ אפשר לעשותו ע"י היתר עיסקא אם כתבו בחוזה ע"ש באריכות.

as long as there was absolutely no mention that later the price would be greater.[18]

119 A painter gives a discount to whoever orders his work in wintertime to paint in the summertime and pays in advance. Is there any problem of *ribbis*?

—Yes, and it is forbidden. Since the painter lowers his price in exchange for the advancement of money, it appears as *ribbis*.[19] However, if the painter begins to work immediately, then it is permitted to advance money in order to receive a discount.[20]

There are *poskim* that permit advancing money for a discount even when the work is not begun immediately, as long as a *kinyan* is made with the worker from which he cannot back out.[21]

---

18. עיין בספר וחי אחיך עמך (אות ע"ג) שבספר שאין שומתו ידוע (כמו חידושי תורה שאין לה שוק קבוע) ורוב הקונים נותנים לשם צדקה ואינו מפרש בפה מלא שאח"כ תהא ביוקר אז הסכימו הפוסקים להתיר לקבל דמי קדימה וזה מה שנהוג מימי קדם עכ"ל.

ולכאורה זהו הדין שנמצא בדרכי תשובה סי' ק"ס ס"ק קמ"ח דאיתא שם ועיין בשו"ת מעשה אברהם חיו"ד סי' ל"ח שהעלה דה"ה מי שחיבר ספר בחידושי תורה ורוצה להדפיס ולהוציא לאור מותר לו ללות באבק רבית לצורך הוצאת הדפוס דזה הוא בכלל מצות הגדולות ורק שיזהר מלוקח ברבית קצוצה כי אם דוקא שיהיה רק אבק רבית עי"ש באריכות.

19. סי' קע"ז סעי' ח' עפ"י הגמ' ב"ב פ"ו: וזה משונה משכירת בית. (ועיין 17) ומסביר הרשב"א שמכיון שיש לשוכר קנין בבית מעכשיו מותר משא"כ בפועל שקי"ל דפועל יכול לחזור א"כ הרי זה נראה כרבית. וגם ברשב"ם (שם) מבואר שמעיקר הדין היה מותר והחכמים אסרו משום דמיחזי כרבית. ועיין גם במחנה אפרים הל' רבית סי' ל"א.

20. שו"ע שם. ואם צריך שיעבוד רצוף מעכשיו עד הקיץ שהיא תקופה היקרה לצבע או די רק שיתחיל עכשיו ויכול להפסיק ואח"כ בתקופת היקרה יכול להמשיך זה מחלוקת אחרונים. החלקת יעקב ח"ג סי' ר"ד, ר"ה מיקל בזה והברית יהודה מחמיר.

21. תובא בתורת רבית פרק י"ד ס"ק ל"ד. הריטב"א ונמו"י בב"ב פ"ז משום שכל החילוק בין שכירות פועל ושכירת בית שמותר הוא משום שבבית אין המשכיר יכול לחזור בו ונחשב כקנין וכמקח גמור ובפועל יכול לחזור בו ולפיכך כתבו שאם יעשה בפועל קנין באופן שלא יוכל לחזור בו דינו שוה לשכירות בית שמותר. וכ"כ הגידולי תרומה שער

Even the *poskim* who disagree are only refer-
ring to a worker who is hired by the day or hour.
However, in regard to a contractor who is paid by
the job, all agree that a *kinyan* (*sudar*) is effective
in prohibiting his backing out of the job.[22] Nowa-
days, most jobs are contracted, so there would be
no problem of *ribbis* in such a case.

120 May one make an agreement with a caterer that
paying the full price in advance will entitle him to
a discount?

—If the price is to include the food also, it should
be done only with a *heter iska*, as the food is not yet
in the possession of the caterer. (See Question 116
and Footnote 17.)

However, if one pays solely towards the renting
of the hall, the caterer is permitted to offer a
substantial discount,[23] which can offset the mon-
ies paid for the other services. (See Questions 114,
115 and Footnotes.)

121 A girl's high school ordered uniforms from a com-
pany. The parents were required to pay the full

מ"ץ ח"ד אות נ"א בשם הרשב"א. בחו"מ סי' של"ג מביא הב"י בשם הריטב"א דמועיל
קנין וכן פסק שם בדרכי משה. אמנם הש"ך ס"ק י"ד מביא בשם הריב"ש דאין קנין
מועיל ויכול לחזור בו. וכן הוא בקצוה"ח ס"ק ה'. אמנם בתשובות המבי"ט ח"א סי'
קל"ב כתב שאילו ראה הריב"ש דברי הריטב"א היה חוזר בו. ובמחנה אפרים הל'
שכירות פועלים סי' ב' כותב שדוקא בקנין סתם אין מועיל אבל אם חייב עצמו בקנין
לעשות מלאכתו אצל בעה"ב אף הריב"ש יודה שמועיל. ושו"ת שבות יעקב ח"ב סי'
קפ"ד ג"כ חולק על הש"ך וכתב שמועיל קנין כסף או שטר. ונמצא לפי זה אם עשו
קנין סודר או כסף וכן כשעשו חוזה ביניהם אין יכול לחזור בו ויש להקל על מה
שיסמוך להקדים שכר הפועל ולהוזיל עבור כך. ע"ש.

22. חו"מ של"ג סעי' א' בהג"ה ובש"ל ס"ק ד' שמהני קנין סודר.

23. סי' קע"ז סעי' ו' ובש"ך סק"ז.

price in advance of receiving the uniforms. In fact, they were not delivered for three months and no discount was offered. Is there any problem of *ribbis* being that the company had a free loan for three months?

—There is no *ribbis* here. In fact the opposite is true. Not only did the parents pay the full price in advance, but they had to agree that the money be a free loan for a couple of months. In other words, their payment was worth a little more than the value received. Nevertheless, since there was no discount involved there is no *ribbis*. The seller did not pay for the loan. He just charged a little more for his product.[24] (See Question 74.)

122 Do bus commuter tickets of a Jewish company, as in Israel, purchased by the book at a discount price present a problem of *ribbis*? Is the pre-payment considered as a loan and the discount a form of *ribbis*? The card holders are also protected against any price raise.

—It is permitted since the money is considered as payment for a service which is the use of the bus, and the work of the driver is similar to that of a contractor where there is no problem of discounts.[25]

---

24. פשוט.

25. עיין ספר תורת רבית פרק י' סוף ס"ק ק"ד. ושם יש עוד סיבות להתיר. ראשית משום שהרי ביד הקונה להשתמש באופן מידי בכל הכרטיסים ברגע שקונה וא"כ אין ההוזלה עבור הקדמות המעות אלא משום שקונה הרבה בפעם אחת וכמו הקונה בסיטונות שמקבל מחיר מוזל. ועוד שאין אמירה מפורש שההנחה היא משום הקדמת הכסף והתשלום מראש. ועיין שם עוד דברים ועיין ג"כ בברית יהודה פרק כ"ג סק"כ.

ויש שכתבו שמותר מפני שדינו כפועל ששוכרם לנסיעות בפועל ובקבלן קי"ל שמותר אף במפרש ואף שמוזיל מהמחיר.

123 Is it permitted to pay a membership fee in a *mikveh*, swimming pool, gym, etc. in advance, if the membership fee comes out to a lesser amount than if one would pay an entrance fee for each use? Since the facility gives the discount price in order to obtain the money immediately, would it be considered as *agar natar*?

—It is permitted. Since the membership fee entitles the member to use the facility, it is considered nothing more than a rental payment for use of the facility. Advance payments on rentals are permitted even when a lower price is charged. (See Question 129.)[26]

124 Is it ever permitted to pay money in advance on the condition that the price of the item will be lower than if one pays later?

—No. Once the idea is expressly stated that the purpose of pre-payment is to pay less than one would at a later date, then it is forbidden.[27]

125 Reuven purchased one hundred cases of photographic film from Shimon and paid for the entire shipment. Shimon only delivered ninety-eight cases with the promise of sending the two missing cases shortly. One thing led to another, and three years passed before Shimon was finally prepared to deliver the two cases. However, the film now had a new model number indicating certain improvements that were made in the intervening three years. This, of course, also caused a price increase.

26. עיין תורת רבית פרק י' סעי' ס"ד וש"ע סי' קע"ז סעי' ו'.

27. ש"ע סי' קע"ג סעי' א' ובהגהה שם סעי' ז'.

Being that the old film is no longer available and the new film costs more, may Shimon deliver the film or is there a problem of *ribbis* since Shimon had the use of Reuven's money during all this time?

—There is no problem. It is a common business practice for a seller to add an extra amount of goods at the time of delivery when the money was given in advance. In effect, this is just a means of lowering the price.[28]

126 A man who privately tutors students charges twenty dollars per one-hour session. May he offer a student six sessions if he pays one hundred dollars in advance?

—No. It is forbidden as he is openly expressing that the purpose of pre-paying is to save money.

127 In situations where an item is offered for sale with a lower price for cash payment and a higher price for payment with a credit card, as is common with many gas stations, is there a problem with buying on credit and paying the higher price?

—If it is represented as a situation where the seller

---

28. איתא בש"ע סי' ק"ס סעי' ד' ברמ"א מיהו אם לא היו המעות בידו דרך הלואה רק דרך מכר מותר בכה"ג – ז"א מותר אם הלוה נותן לו יותר מדעתו בשעת שלא התנה ואינו אומר שנותנו לו בשביל רבית (כדאיתא במחבר) וזה ממש נידן דידן.
ואיתא שם בחידושי רע"א נ"ל דהיינו כעין עובדא דהש"ס דלקח ממנו בדרך פסיקה ובשעת פרעון הפירות נתן לו פירות יותר. אבל אם נתחייב לו ממון אין חילוק בין אם נתחייב לו בדרך הלואה או מכח מכר כל שפורע יותר אסור ומלישנא דהש"ך (סק"ד) לא משמע כן.
מ"מ בנ"ד עדיף מפסיקה ומשלם רק פירות וא"כ אין שום חשש רבית.
ועיין ג"כ בש"ע התניא סעי' ח'.

is charging more than the regular price to those buying on credit, it is forbidden.[29] If, however, it is represented as a situation where those paying cash are receiving a discount off the regular price, it is permitted. Nevertheless, it is best to consult a *rav* who is an expert in this field as there are some authorities who forbid such a transaction.[30]

128 The following situation illustrates Question 127. A jewelry manufacturer sells his product at a thirty-five percent mark-up over material and labor. It is a common practice in the jewelry line that if the buyer pays cash he receives a discount of five to ten percent. Is there any problem of *ribbis*?

—No. Since this is common business practice in his field, the seller is, in fact, lowering his price, and in a sense forgoing a part of his profit when the buyer pays cash.

129 May a landlord who charges $600 a month offer a reduced rate of $6,500 a year, if it is paid at the beginning of the year?

—Yes, he is permitted. In fact, the tenant is merely renting the house for the entire year in one payment. There is absolutely no loan involved here.[31]

---

29. סי' קע"ג.

30. ברית יהודה פרק כ"ב סעי' ז'.

31. לפי דיני התלמוד מותר כדאיתא במשנה (ב"מ ס"ה) מרבין על השכר . . . השכיר לו את חצרו ואמר לו אם מעכשיו אתה נותן לי הרי הוא לך בעשר סלעים לשנה ואם של חודש בחודש סלע לחודש מותר ע"ש. וכן נפסק בש"ע (סי' קע"ז סעי' ו'). והטעם לזה משום דאין לשכירות אלא לבסוף ולכן יוצא שלא הרבה בשביל המתנת מעות כי לא חייב לו המעות אלא לבסוף.

פה באמריקא משלמים השכירות ביום ראשון של החודש. ואם כי איתא בחכמת אדם כלל קל"ז סעי' י' דבמקום שהמנהג לשלם השכירות בתחלה גם בשוכר סתם אדעתא

130 A private individual rents out centerpieces of arti-
ficial flower arrangements. The customer is totally
responsible for any damage that might occur, and
must return them in their original condition. Is
there any problem related to *ribbis* here?

—Yes. There is a rabbinical decree that if the lessee
(שוכר)accepts upon himself full responsibility for
the rented item (i.e. if stolen, lost or damaged by
accidental causes), and the item is of the kind that
does not become used up (e.g. utensils used only
for decorative purposes), then it is forbidden. Since
it is almost impossible for the lessor to have any
loss, such an arrangement is considered like a loan
and the rental monies constitute *ribbis*. This holds
true even where the utensil does get used up but
the lessee agrees to reimburse the lessor for any
loss of weight or value.[32]

Therefore, in the case of centerpieces where
there is no use other than for decorative purposes

דמנהגא שוכר ע"ש. ולכן חשבתי מתחלה שאפשר פה אין הדין דאין דשכירות אלא
לבסוף ויהיה אסור לשלם הכל מקודם כדי לקבל מחיר בזול. מ"מ איתא בשיטה
מקובצת ב"ב פ"ז. דאף דאין דאין חייב לשלם השכירות אלא בסוף מ"מ כשמשלם בתחילה
שם שכירות על התשלום ואינה הלואה. והאמת הוא שהסכום מבוסס על מה שצריך
לשלם לשנה אלא מחלקים לשנים עשר חלקים. וא"כ מה לנו אם משלם הכל מתחילה
כדי לשלם פחות הא לא היה חייב תשלומים עד שיבא כל חודש וחודש ולכן אין זה
נחשב כלל לאגר נטר.

32. סי' קע"ז סעי' א', ג'. ועל זה מקשה הפני יהושע ס"ט: גבי ספינתא אגרא ופגרא-אמאי
הוי קבלת אחריות כמלוה ואמאי לא נימא דהוי כשומר חנם שמתנה להיות כשואל
וכדברי חט"ז סי' קס"ז ס"ק א' שהרבה פעמים אמרינן דאחריות הוי מדין שומר חנם
שמתנה להיות כשואל והניח בצ"ע.

אמנם בחוו"ד סי' קס"ז ס"ק א' ובביאור הגר"א סי' קס"ח-ט' ס"ק ס' מבארים דודאי
כל אחריות משוה הדבר להלואה אלא דלא הוי הלואה אלא כשיש ללוה צורך והנאה
בזה ואם אין לו שום הנאה מזה לא הוי הלואה ולכן שומר שאין לו הנאה לעצמו
מהדבר אין האחריות גורמת שיהיה מלוה אבל שוכר שמשתמש בגוף הדבר הוי הלואה
מחמת האחריות.

and as such they do not get "used up," and the customer assumes complete responsibility for returning them in their original condition, the *issur* of *ribbis* would seem to apply.

131 In the same situation as the previous question, what would be the law if a charitable organization, (e.g. *yeshivah, shul,* etc.) rented out these centerpieces?

—It seems that one may be lenient in these circumstances even though it is not a "cut-and-dry" matter.[33]

132 Is it permitted for a seller to stipulate in the sales agreement a penalty for late payments?

—Yes. It is permitted as long as the penalty is not compounded, but rather a one time penalty.[34] For example, if the cost is $1,000 and the penalty is at a 10% rate, the fee for the first late payment is $100 and the total amount due for that shipment would be $1,100. If, in fact, the buyer did not pay this amount and again was late in his payment for the

33. בסי' ק"ס סעי' ל"ח כל רבית דרבנן מותר במעות של יתומים או של הקדש עניים או תלמוד תורה או צורך בית הכנסת ובהג"ה וכן נוהגים להקל אע"ג דיש מחמירין דאינו מותר רק בבית דין ע"ש.
אמנם הש"ך ס"ק כ"ז כותב ובכל המקומות שהייתי לא ראיתי מנהג זה וגם חקרתי ודרשתי ולא שמעתי שנוהגין כן אע"פ שלא נהגו להלוותן בב"ד מ"מ ברבית דרבנן ג"כ אין מלוין אלא על דרך היתר כמו שאר מעות.
מ"מ נראה המנהג להקל אפילו שלא בב"ד עפ"י דברי הנודע ביהודה יו"ד סי' מ' הובא בפ"ת ס"ק כ' וכותב וכן נהגתי אני כמה פעמים שנתתי זוזי דיתמי קרוב לשכר ורחוק להפסד וכתבתי בשטר עיסקא שעשיתי עם המקבל שזה זוזי דיתמי שקבל קרוב לשכר כו' ע"ש. ולכן בנידן דידן מכיון שהמשכיר בגדר הקדש כמו ישיבה או חברת צדקה וכדומה אז לכאורה יש פה היתר מכיון שאין כאן רק רבית דרבנן.
34. סי' קע"ז סעי' ט"ז, י"ח, ש"ע התניא סעי' מ"ח.

next month's shipment, the next month's penalty is not to be calculated on the amount of $1,100.

The same would apply if one sold goods for $1,000 and promised the buyer that he would receive them in six months, with the stipulation that if the goods are not delivered on time he will deliver $1,100 worth of goods. Nevertheless, it is important in the above cases that the language used be one of buying and selling and not of lending and borrowing. This is also prohibited when the penalty is $100 per day or per week until the balance is paid. This is considered a compounded penalty on the original sums.[35]

133

May one lend money with the stipulation that if the borrower does not repay the loan on time then he must add a pre-agreed upon additional amount as a penalty?

—No. It is forbidden, since when dealing with loans it is a *haaramas ribbis*. By purposely not paying back in time this would result in a situation of legalized *ribbis*.[36] In the previous situations, however, since the penalty was on a sale or a rental payment, there is no such problem.

‏35. עיין ש"ע סי' קע"ז סעי' י"ד בהגה ובש"ך ס"ק ל, ל"א וגם בברית יהודה פרק ד' שאין‏
‏קנס נחשב הערמת רבית אם הוא דרך מקח וממכר ולא דרך הלואה. וראה שם סעי'‏
‏ו', ז', ח', ט'. שאם מוכר סחורה לחברו בס' זהובים וקבל מעות ולא נתן לו הסחורה‏
‏והתנה לתתה לחצי שנה ואם לא יתן לו הוא מתחייב לשלם ק' זהובים, מותר.‏
‏או המוכר סחורה לחבירו בשוויה והתנה עמו שאם לא יתן המעות לזמן פלוני יוסיף לו‏
‏סכום קצוב בתורת קנס, מותר. ויש אומרים שמותר רק אם אומרים בלשון מכירה ולא‏
‏בלשון הלואה. ע"ש.‏

‏36. ש"ע קע"ז סעי' י"ד במחבר. ועיין גם בברית יהודה שם סעי' א', ב', שהגם מעיקר הדין‏
‏היה מותר מ"מ בנוגע הלואה ממש, אסור משום הערמת רבית. אמנם אם נתן לו‏
‏מעות ומקבל פירות יש מתירים כי זה יותר דומה למכירה. רמ"א שם.‏

134 In a medical center the landlord included a stipulation in the lease contract that if the tenant does not pay his rent by the end of the month then he must pay a penalty of ten percent for that month. Is there any problem of *ribbis*?

—No. It is permitted if it is a one-time penalty. This means to say that the sum of principal plus interest is not compounded in the ensuing months if he fails to pay on time again.[37]

135 The owner of a fuel heating company includes in his contracts with his customers that they have up to thirty days to pay their bills, which is the prevailing business practice in this line. Is it permissible for him to offer customers lower prices if they make their payments within two weeks with the option of paying the higher price by thirty days?

—Yes. It is permitted, because the debt does not really go into effect until thirty days. Therefore, he is not taking a higher price because he is waiting for his money (*agar natar*). Rather, he agrees to take less money in order to get his money sooner.[38]

---

37. מותר אם מקיימים התנאים דלהלן:

א) איתא בש"ע סי' קע"ז סעי' ח' דדבר זה מותר במקח וממכר ואינו נחשב לרבית אלא לקנס.

ב) והוא שנעשה רק פעם אחת, זאת אומרת שקנס זה אינו נתרבה בכל שבוע או בכל חודש. רק יש קנס מובדל ומיוחד לכל חודש שאין לו שום שייכות עם חודש אחרת וכמבואר בט"ז שם ס"ק כ"ג, וגם בש"ע התניא סי' מ"ח. ועיין בברית יהודה פרק ד' סי' ד' שמאריך בזת.

ג) מה דאיתא שם בש"ע "וקנו מידו" הא כאן חתימת החוזה ("הליס") כקנין. וגם אפשר לדמות לדברי החוו"ד סי' קע"ג ס"ק ד' ובסי' קס"ט ס"ק ל"ח שמקיל אפילו לא עשה עמו קנין גמור מפני שאינו נותנו לו בתורת רבית אלא בתורת קיום המקח, והב.

ד) ומה דאיתא שם בש"ע "והוא שכשפסק על הסחורה ההיא יצא השער וקנה כפי השער או היתה לו הסחורה ההיא" ע"ש. הא הדירות עומדים וקיימים.

38. איתא בברית יהודה (פרק כ"ב סעי' ח') שאם דרך המסחר הוא שאין משלמין במזומן

136 It was explained in Question 40 that if one borrows money, it is forbidden for the borrower to promise the lender that he will buy goods from him or that he will use his professional services. Is it also forbidden for a buyer of goods to promise the seller to recommend him highly in exchange for selling the goods at a lower price?

—It is permitted, because there is no loan.[39]

137 Reuven buys an insurance policy for $1,000 from Shimon, in which Shimon guarantees Reuven that if any loss occurs to Reuven's house then Shimon will reimburse Reuven $5,000. Is this permitted?

—Yes. It is permitted, because there is no loan involved here. It is rather like a sale in which Shimon accepts responsibility for Reuven's property.[40]

138 Is it permitted to cash a check at a check cashing company? The check cashing company charges a fee based upon a percentage of the face value of the

---

רק בהמתנה יש מתירין לפרש שיתן לו הנחה עבור תשלום במזומן. ומביא שם (ס"ק ל"ט) שו"ת אמרי יושר (ח"א סי' ק"ץ) נדפס בגליון דברי השואל ה"ה הר"ר שמואל זאנוויל הכהן דומ"ץ דק"ק מונקאטש שצדד להתיר בזה וטעמו וניומוקו עמו דעיקר הטעם מה שאמרו מרבין על השכר ואין מרבין על המכר הוא משום דשכירות אינה משתלמת אלא לבסוף, ואין כאן אלא הקדמת מעות ואוזולי קא מוזיל גביה ומותר, משא"כ במכר שדינו לשלם מיד, ולפי"ז כיון שמקובל בין הסוחרים שבשום פעם אין משלמים מיד כי אם בהמתנה לזמן ידוע לפי המנהג ואם יתבע המוכר תשלום מיד יהיה לצחוק בעיני כל וכו' ע"ש.

ובכל זאת גם יש אוסרים-אבל נראה להקל בעת הצורך וכן הסכים עמי הרה"ג ר' יחזקאל ראטה שליט"א.

39. ופשוט.

40. ש"ע סי' קע"ג סעי' י"ט ובש"ך ס"ק ל"ב שאין זה הלואה אלא כעין מכר שמקבל עליו אחריות מעות.

check, which means that the owner of the check does not receive the full value of the check. Is this considered *agar natar* because the check cashing company must wait until the check clears before receiving the money?

—Since the bearer of the check must sign a document accepting responsibility for the validity of the check, it is considered a loan. There are two opinions as to whether this is permitted. Some hold that since the company charges its fee to compensate for the time, effort and risk it incurs, it is permitted.[41] Others maintain that since the time and effort factors are always the same regardless of the amount of the check, this would not justify a fee based on percentage. As far as risk is concerned, not all *poskim* agree that it may be included in the charge.[42]

Therefore, it is recommended that such check cashing concerns prominently display a *heter iska* (see Chapter Thirteen) or make an individual one with each customer.

---

41. יש לומר שאם זמן הטשעק אינו מאוחר אז באמת יכול לקבל כסף הטשעק עכשיו אלא שיש טירחא גדולה בזה. שצריכים ללכת לבנק ולהביא ראיות שאתה הוא שנכתב שמך בטשעק וכמה פעמים הבנק בעיר אחרת וכו'. ולכן מה שמשלמין לטשעק קעשינג באמת הוא רק שכר טירחא עיין ש"ע סי' קע"ג סעי' ט"ז, וקע"ז סעי' ב'.
וראיתי בקובץ בית תלמוד להוראה קובץ ד' בפסקי הלכות אות ע"א שכן פוסק הרה"ג הרב ר' יחזקאל ראטה שליט"א.

42. מפני שהשכר של הטשעק קעשינג תלוי בסכום הטשעק אז נראה שאין כל השכר שלהם תלוי רק לבד מפני טירחא אלא נכלל גם אפשרות של סיכון וא"כ יכול להיות פה ענין של אגר נטר. וענין של סיכון אינו ברור אם יכולים לכללו בשכר שלא יהיה נחשב כרבית. הרה"ג ר' יוסף אלישיב שליט"א אמר לי שאין שום היתר בו רק בשכר טירחא לבד. אמנם המחבר של ספר ברית יהודה אמר לי שיכולים לכלול סיכון ועוד דברים בהיתר טשעק קעשינג. והרה"ג ר' שלמה זלמן אוירבאך שליט"א אמר לי שהגם שאינו יכול לומר שיש פה ממש רבית מ"מ אינו כדאי להקל.

Similarly, when one sends a check from America to Eretz Yisrael to family or to a charity, and the party in Eretz Yisrael cashes the check for dollars by a private check casher, there is no question that the bearer of the check must accept full responsibility for the check, and the same potential problem exists.[43]

If, of course, the bearer would bear no responsibility for the validity of the check, there would be no problem since there is no loan involved, only the sale of a note. (See Question 97.)[44]

It is of utmost importance to point out that all of the above refers only to a check with the current date. However, if there is any extra charge on a post-dated check, there is no question that this is *agar natar,* and it is forbidden.

 Certain businesses sell their products with a free two-week trial period during which the customer may return the product for a full refund if not fully satisfied. Is there any problem of *ribbis* here?

—Yes. Since the buyer has the right to return the item for a full refund, the transaction is not considered a sale.[45] Therefore, if the seller uses the

---

43. לכאורה היה נראה שאם מחליף הטשעק בשביל שקלים ועושה בלשון מכירה היה מותר כדאיתא בש"ך סי' קע"ג ס"ק ט"ז ובט"ז שם ס"ק ט' גבי חטין ודוחן ואפילו מקבל אחריות ודו"ק. אמנם הרה"ג ר' יוסף אלישיב אמר לי שבארץ ישראל נחשב הדולר כמעות וא"כ אין שום חילוק אם מחליף בשביל דולרים או בשביל שקלים. וא"כ נראה שזה אסור כמו האוסרים בטשעק קעשינג.

אמנם הרה"ג ר' שלמה זלמן אוירבאך מיקל בזה כשדברתי אתו בהענין אבל לא הבנתי סברתו.

44. ש"ע סי' קע"ג סעי' ד'-ואפילו היה זמן הטשעק מאוחר אין שום איסור מפני שהוא מוכר שטר חוב וא"כ אין כאן שום הלואה אלא מכירה. אבל אין זה מצוי.

45. איתא בש"ע סי' קע"ד סעי' א' מכר שדה לחבירו ואמר לו לכשיהיו לי מעות תחזיר לי

money, it turns out that money was actually a loan to the seller, with the use of the item being *ribbis* on the money that is refunded.

A common example is a *"heimishe"* used car establishment. They will often sell a car with the guarantee that if the customer is not satisfied with the car's performance within seven days, he can return the car for a full refund.

Therefore, if a store owner accepts money for an item and tells the customer that he can bring back the item if not satisfied, then the store owner should not use the money or, in the case of a check, should not cash it.

A common application of this problem involves "Torah Tapes" bought with the option of returning them for the original price after using them. A solution would be to specify that the selling and the rebuying are two separately independent sales. A sign could be posted saying that although he is not required to do so, he will in most cases buy back the tape for the same money.[46]

Another solution would be to give back less than the full amount and consider the extra amount as a rental fee.[47]

קרקע לא קנה וכל הפירות שאכל רבית קצוצה היא ומוצאים בדיינים ע"ש. הא רואים שכשמשייר המוכר זכות לעצמו אינו מכר והוי רבית. ואיתא בש"ע התניא סי' נ"ה וכן אם הלוקח מתנה שאם ירצה להחזיר לו מקחו לאחר זמן יחזיר לו מעותיו (וזה נידן דידן) אין זה מכר גמור ואסור ללוקח ליהנות במקחו משום רבית ע"ש. הא יוצא מזה שאם משתמש הקונה (שהוא באמת המלוה) בחפץ ששייך באמת למוכר (שהוא באמת הלוה) אז קבל רבית ואסור.

46. עיין ברית יהודה פרק כ"ח סק"כב שאם הלוקח אינו רוצה עוד במקח והמוכר אז מוכרח לקנות הימנו בקנין חדש אז מותר.

47. איתא במס' ב"מ צ"ד. לפי גירסא שלנו-מתנה שומר שכר להיות כשואל. וכן נפסק ברמב"ם הל' שכירות פ"ב ה"ט ... וכן מתנה בעל הפקדון על ש"ח או נושא שכר ושוכר

140 If the lender charges for expenses incurred in arranging the loan, is this *ribbis*?

—Certain expenses may be collected. For example, travel expenses,[48] stamps or a bank check fee which were necessary for the loan are all expenses which may be charged to the borrower, as long as the borrower is aware of them before the loan.[49] The *Shulchan Aruch* mentions that it is the obligation of the borrower to pay the scribe's fee to write up the contract.[50] A modern-day application of this

---

להיות חייבים בכל כשואל. שכל תנאי בממון או בשבועות של ממון קיים ואין צריך קנין או עדים ע"ש.

וא"כ בנידן דידן ג"כ הלוקח באמת שוכר ומקבל על עצמו דיני שואל שאם יארע שום דבר ל"טיפ" אז הוא משלם את הכל ואם ה"טיפ" בעין ורוצה להחזירו אז אינו מקבל כל מה ששלם למשל אם שלם דולר אז יקבל בחזרה תשעים פרוטות והעשרה פרוטות יחשבו כמעות שכירות. והגם דיש שם בגמ' גירסא אחרת (ולא כהרמב"ם) "שאפילו בשלא קני מידו" אינו שייך רק בשומר חנם שהטעם שחל התנאי שמקבל עליו אחריות כשואל הוא מפני שבההיא הנאה דקא נפיק ליה קלא דאיניש מהימנא הוא גמיר ומשעבד נפשיה-ולפי גירסת הגמ' אינו שייך רק בשומר חנם ע"ש. ובאמת בש"ע ח"מ סי' רצ"א סעי' כ"ז אינו מביא רק שומר חנם שיכול לחייב את עצמו להיות כשואל בלא קנין. ואיני יודע אם זה דוקא או לאו דוקא וה"ה לנושא שכר ושוכר.

מ"מ בנידן דידן אפשר לומר שמפני שנותן הלוקח שהוא השוכר דולר לבעל ה"טיפפס" יכול זה להיות נחשב כקנו מידו וא"כ חל אחריותו כשואל אליבא דכולא עלמא וככל הגירסאות.

48. עיין ספר ברית יהודה פרק ט' סעי' א'-וז"ל הוצאות שיש למלוה ע"י ההלואה מותר ללוה לשלם. ואפילו אין ההוצאות אלא לטובת המלוה שיהא בטוח במעותיו וכ"ש הוצאות שיש בבצוע ההלואה עצמה. ועיין שם ס"ק א' וז"ל דבר פשוט הוא שרבית אסרה תורה והוא שכר המתנת מעות. והיינו שהמלוה מרויח ע"י הלואה בדבר שלא הפסיד בו-אע"פ שהיה יכול המלוה להרויח במעות ההלואה ואפילו הפסד שנגרם למלוה כתוצאה מההלואה אסור לו לקבל מהלוה . . . אבל הוצאות ממש שיש למלוה בבצוע ההלואה, הדבר פשוט שאין המלוה מחויב להפסיד מכיסו בגלל ההלואה. ומותר הלוה לשלם למלוה כל מה שהוציא בגין ההלואה בין על ידי עצמו ובין ע"י אחרים. ע"ש עוד. ועיין גם ס"ק ג' וז"ל כגון שהמעות נמצאים במקום שצריך להוציא הוצאות כדי להביאם ולהמציאם ללוה וכן כשמעותיו נמצאים בבנק וע"י מעשה ההלואה יחויב בדמי נהול חשבון עבור פעולות אלו וכו'.

49. עיין שם בסעיף ד'.

50. ש"ע חו"מ סי' ל"ט סעיף י"ד ואפילו בשטר עיסקא שגם למלוה יש חלק ברויח.

would be the cost of buying or typing the contract or I.O.U. note.

141 Reuven asked a favor of Shimon to lay out money and purchase for him a particular *sefer*. Shimon purchased the *sefer* which sold for $15, plus a cost of $4 for a car service. When Shimon delivered the *sefer*, Reuven took out a $20 bill and told Reuven to keep the extra dollar. Is there any problem of *ribbis*?

—No, it is permitted. Concerning the $4, this is a legitimate expense (see Question 140 and Footnote 48), and it may be paid. In regard to the extra dollar, Reuven definitely did not intend this as a *ribbis* payment on the loan. He meant it as a compensation for Shimon's inconvenience and bother. Therefore, it may be accepted as such.[51]

142 Picture the same situation as the previous question except that this time Reuven and Shimon are together in a *sefarim* store. Reuven has no money and asks Shimon to lay out money for him to purchase a certain *sefer*. Shimon agrees and pays the proprietor for both items. If the loan was for $9 and Reuven later gives Shimon a $10 bill and tells him to keep the change, is there any problem of *ribbis*?

—Yes. In this situation, there is no bother or inconvenience (*schar tirchah*) on Shimon's part and so the extra dollar would be *ribbis* on the loan.

---

51. וכן הסכים עמי הרה"ג ר' משה שמעון חיים זילברברג מחבר ספר וחי אחיך עמך ועיין גם בש"ע סי' קע"ג סעי' ט"ז; קע"ז סעי' ב'.

143 In order to provide a loan, the lender has to
━━━ withdraw a certificate of deposit prematurely and
pay a penalty. May he charge this cost to the
borrower?

—It would seem permissible as an expense in-
curred by the lender. (See Question 140.)[52]

144 a) If the borrower does not repay the loan on time
━━━ and thereby causes the lender a loss, may the
borrower reimburse the lender for his loss?

—If the borrower caused the lender a direct loss, he
must compensate the lender.[53] However, if the loss
is merely the inability to invest the money profit-
ably, it is forbidden to compensate the lender.[54]

Similarly, if the lender had to take out a bank
loan because the borrower didn't repay on time, he
cannot demand reimbursement from him for the
interest payments to the bank. Even if the bor-
rower and lender agreed at the outset that if this
happened the borrower would reimburse the in-
terest payments, it is ribbis and forbidden.[55]

b) Reuven repaid an interest-free loan to Shimon
by check. The check bounced, and Shimon's bank
charged him $10. May Shimon recover the $10
from Reuven?

—Yes. This is an example of a direct loss caused by
the borrower. (See Question 144a.)

52. עיין ספר תורת רבית פרק חמישי ס"ק כ"א.
53. טור סי' ק"ע. וגם בט"ז סי' ק"ע ס"ק ג'. וגם מבואר בשו"ת הרשב"א ח"ג סי' רכ"ז.
54. ברית יהודה פרק ב' סעי' ט"ז מבוסס על שו"ת הרשב"א ח"ג סי' רכ"ז—מניעת ריוח אינה חשובה הפסד.
55. ט"ז סי' ק"ע ס"ק ג'. וכן הוא בשאילת יעב"ץ ח"א סי' ל"ח.

12

Investments, Stocks and Mortgages

The investments discussed in this chapter concern, for the most part, situations when one individual invests with another. There are situations when one party puts up capital and the other his expertise. This type of arrangement has varied *halachic* ramifications.

The more commonly understood investments such as stocks etc., are also discussed in this chapter.

When both parties put up money and both are involved in the venture, this constitutes a partnership. In a normal partnership situation, there is usually very little likelihood for a *ribbis* problem to arise. An exception might be where one partner lends money to the business. This is discussed at the end of Chapter Eight.

The *Shulchan Aruch* explains[1] that it is forbidden for one to give money or goods to a second party for purposes of investment if the second party guarantees all losses and the first party, therefore, stands to lose none of his original

---

1. סי׳ קע״ז סעי׳ א׳, ב׳.

investment but only to share in potential profits. This is called "near to gain and far from loss" (קרוב לשכר ורחוק מהפסד), and since it is similar to *ribbis*, it is forbidden. For this reason, in order to remove the problem of *ribbis*, the first party must be willing to risk the same percentage of loss as he expects to share in the profits based on his share of investment in the venture.[2]

However, even if the agreement is to divide the profits, when there are profits and not losses, the potential problem of *ribbis* has not yet been avoided. The reason is that when Reuven gives Shimon $10,000 to invest with the profits to be divided, the $5,000 from which Reuven profits is considered a deposit and the $5,000 from which Shimon profits is considered a loan which he uses for his own benefit.[3] Shimon is actually offering his investing services, including time and effort, in exchange for the loan, which constitutes *ribbis*. Reuven receives more than just the repayment of his loan. He also receives Shimon's efforts on his behalf.

In order to avoid this problem, Reuven must pay Shimon for his efforts on Reuven's behalf (שכר טרחא), at the termination of the entire investment period as though he (Shimon) were an unemployed worker seeking work.[4] This monetary payment for Shimon's efforts may be a nominal amount.[5]

It is important to point out a common application of the above prohibition. During the *Sukkos* season, many people enter the *arba minim* business. A common arrangement is for the supplier to give the distributor (*shamash*, etc.) sets of *arba minim* and stipulate that any

---

2. שם סעי' כ"ז.

3. שם סעי' ב'.

4. עיין שם סעי' ב' מחלוקת ש"ך וט"ז שיעור פועל בטל.

5. שם סעי' ג'.

profits accrued will be divided between then. It goes without saying that the distributor is responsible for the merchandise.

This is a typical situation which is forbidden. Part of the merchandise is a loan to the distributor and part of it is a deposit of the supplier. The distributor agrees to work for the supplier in addition to paying back the loan. This is considered *ribbis*.

In order to avoid *ribbis*, the supplier must pay a fee (even if nominal) to the *shamash* or storekeeper for the work and effort expended. Of course, if the *shamash* buys the merchandise outright from the supplier, there is no problem whatsoever.

The above problem only arises when one person supplies the money and the other his expertise in investing it for both of them. If, however, both parties invest their money it is considered a partnership. As such, even if only one of them is doing all of the work, they may divide the profits as they see fit, and there is no question of *ribbis*.[6]

145 Reuven gave Shimon a sum of money to hold for him, and Shimon, without the consent of Reuven, loaned the money to a non-Jew with interest or deposited it in an interest-bearing bank account. What is the status of the interest in regard to Reuven?

—Reuven has no claim to the interest. And if Shimon wishes to give the interest to Reuven, there is no problem of *ribbis*, since there was no loan or any intention of investment.[7]

---

6. שם הגה סעי' ג'.

7. ש"ע סי' קע"ז סעי' ל"ט. ועיין שם בט"ז וש"ך שכיון שלא נתן המעות בשביל להרויח בעיסקא ולא התנה ליתן משום שכר אז אין נחשב קרוב לשכר ורחוק מהפסד. ע"ש. ואפשר יש לדמות למעשה דרבי חנינא בן דוסא מס' תענית כ"ה. והבן.

146 Reuven invested a certain amount of money with
Shimon. If the investment shows the expected
profit then Shimon must pay Reuven a prear-
ranged, fixed amount of money and any profit
above this amount goes to Shimon. If the invest-
ment brings in a profit which is less than the
prearranged amount, that entire amount must be
paid to Reuven, and Shimon does not pay the
difference from his own pocket. If there is no profit
at all, then Shimon pays nothing to Reuven. Is
there any question of *ribbis* here?

—No, as long as both parties share in the losses.
And it goes without saying that if Reuven accepts
responsibility for all losses, there is no problem.[8]

147 A common practice is to buy stocks "on margin."
This means that the purchaser only pays a portion
of the price of the stock, and upon the sale of the
stock, the price balance plus interest is deducted
from the profits. Is it permitted to buy stocks on
margin from a Jewish brokerage firm?

—No, it is forbidden. Since the balance of the
purchase price is not paid until later, it is consid-
ered as a loan to the purchaser which is being
repaid with interest.[9]

8. עיין סוף דברי הט"ז סי' קע"ז סק"יב-ובלבד שאחריות ההפסד על שניהם (וכ"ש אם כל
האחריות על הנותן ופשוט).

ומסביר ש"ע התניא סעי' מ"א שאינו נראה כמלוה ברבית במה שקוצץ עמו שיתן לו
דבר קצוב הואיל ולא יתננו לו מביתו אם לא ירויח כלום. אלא שמוכר לו המקבל חצי
הריוח שלו בעד שמוחל לו הנותן את העודף על דבר קצוב שקצץ עמו אם יהיה עודף.
ומכירה זו שהמקבל מוכר חלקו להנותן אינה נראית כהלואה ברבית כמו אופן של
המחבר פה שמוכר הנותן חלקו להמקבל בעד דבר קצוב אפילו לא יהיה ריוח שהוא
דומה כאילו מלוה ברבית.

9. הגם דאיכא פוסקים שרוצים להקל ב"קארפאארישנס" מ"מ רובא דרובא אוסרים
בפרט כשהקאראפארישן הוא המלוה. עיין אגרות משה ח"ב סי' ס"ב.

148 Is there any problem of purchasing stocks in companies that do not adhere to Torah law? Do we say that since many stockholders are Jewish, they are considered as partners and so if the company is open on *Shabbos*, or if they deal in *chametz* during *Pesach*, or lend their money for interest to Jewish people, or borrow money from them, then the Jewish stockholder is in effect transgressing Torah law, being that he owns a part of the company?

—We are lenient in this matter. Being that the majority of shareholders in large companies are non-Jewish, coupled with the fact that a regular shareholder has no say in the actual administration and management of the company, he is in fact only considered as an owner in profits.[10]

However, if the corporation in question is operated and run by Jewish people who own the majority of shares and they transgress Torah law in the business, then it would be forbidden to own shares in such a corporation.

149 The Ginny Mae is an investment whereby one purchases a percentage of a pool of mortgages that is government insured. It is reasonable to expect that a number of the mortgagors are Jewish. Does

10. עיין שו"ת מנחת יצחק ח"ג סי' א' שמאריך בענין זה ועולה מדיבוריו שאם לקונה חלק בחברה אין שום דעה שם ואפילו בישיבה המתקיימת מזמן לזמן יש להתיר. אבל אם יש לו שום דעה אפילו דעה מוגבלת אז צריך למכור חלקו ואם אין הדבר נוגע רק חמץ בפסח אז צריך למכור חלקו קודם פסח. ומביא שם שו"ת מהרי"א הלוי ח"ב סי' קכ"ד ג"כ כסברא זו. וכן איתא בהאלף לך שלמה סי' רל"ח שכותב כזה לגבי פסח דמי שיש לו חלק ומניה בבית חרושת של חמץ באופן שאין לו שום דעה לחוות דעתו בתהלוכות המסחר וחלקו הוא רק לריוח ולהפסד אין מחויב למכור חלקו. אמנם עיין בברית יהודה פ"ב ס"ק נ"ט דאסור מפני שדעתו שהקונה מניה הוי כשותף בכל עסקי המפעל.

this present the problem of buying a mortgage from a non-Jew when the interest is owed by a Jew? (See Question 83.)

—No. There is no problem since the mortgage never actually changes hands but remains under the name of the U.S. government. If there need be a foreclosure it is initiated by the government, not the holder of the Ginny Mae, nor is any money paid from the mortgagor to the holder.[11] In fact, the mortgagor and the holder may not even know each other's identity.[12]

Therefore, this is considered an investment based on the mortgage market which is paid by the government and managed by a brokerage firm, and there is no problem of *ribbis*.

150 Is there any problem investing in a money market fund, if the majority stock of which is owned by Jews? Do we say that since a return is made on one's money, it is considered as a loan for interest to Jews?

—No, it is permitted. Since the fund acts only as an agent to lend the money to large corporations or to buy corporate bonds etc., and these corporations

11. ש"ע סי' קס"ח-ט סעי' י' בהגה ישראל שחייב לעובד כוכבים חוב על רבית והעכו"ם הקנה אותו חוב לישראל אחר אם העכו"ם מקבל הרבית ונותנו לישראל השני מותר אבל אסור לישראל השני לקבל מיד הראשון משום חומר רבית. ושם בנקודות הכסף שאין שום איסור אם אין ישראל הב' יכול לתבוע את הראשון אמנם הט"ז שם ס"ק י"ב חולק.

12. מה שכתבנו לעיל (במס' 11) שהט"ז חולק על הנקה"כ כותב החוות דעת אינו אלא מדרבנן שאין מכירת חוב מדאורייתא וא"כ יכולים פה לסמוך שרוב מאורגדזשים של אינם יהודים. ואפילו אם יש טענה של קבוע, הא הוי מחצה על מחצה וספק דרבנן דאי אפשר לברר הדעת נוטה להקל. ובאמת כאן יש ספק בתרי דרבנן דרבית המאורגדזש אינו אלא דרבנן כדאיתא בשאלה 82.

are essentially non-Jewish, there is no problem.
Other than the amount retained by the fund as a
fee for services rendered, all other profits are shared
by the investors. So in fact, the investors are
lending money to non-Jewish borrowers.

13

Heter Iska

It must be stated at the outset that no document of *heter iska* should be drawn up without consulting a *rav* who is an expert in these matters. This chapter is merely a general discussion of this subject, and different situations require different documents.

151 Is the *heter iska* a device which allows the lender to charge interest?

—No. Charging interest is a biblical prohibition (see Introduction), and there are no loopholes to circumvent it. The *heter iska* is a contract whose purpose is to create a type of investment partnership between two parties where they share in profit and loss, and which has no connection to interest.[1]

---

1. עיין בברית יהודה פרק מ' סעי' ח' שצריכים לדקדק שלא לקראו רבית אלא רווחים ולא הלואה אלא השקעה ופקדון.

152 What exactly is a *heter iska* and how does it work?

There are three basic types of *heter iska*. (See Appendix for the various texts.)

a) The earliest known document of *heter iska* is known as the *heter iska* of the Maharam.[2] This *heter iska* is based on a ruling of the *Shulchan Aruch*[3] that one may accept a sum of money from one's friend for the purpose of investing the money until the point where a predetermined profit has been realized. It is precisely this amount of profit that the investor wishes to gain. As soon as this profit is realized, the amount of the original investment plus the additional profit becomes a loan for the one who accepted the money and invested it. Any further profits will belong only to the borrower.

It is also agreed that if the one who accepted the money claims that all of the investor's money was lost, he must bring qualified witnesses that this is true in regard to the principal investment, and he must swear that no profit was forthcoming. If he cannot produce witnesses and does not wish to swear then he can acquit himself by paying the full amount of principal plus profit.[4] (So in effect instead of lending money for interest, the money was given solely for investment purposes with a particular return expected on the principal.)

b) Another type of *heter iska* is the *heter iska* of the *Chachmas Adam* and the *Kitzur Shulchan*

---

2. מהר"ר מענדל ר' אביגדורש אב"ד ור"מ דק"ק קראקא-ומובא בס' נחלת שבעה סי' מ'.

3. סי' קס"ז סעי' א'.

4. הגר"א שם ס"ק א' טען על היתר עיסקא זו כמה טענות. ואחד מהם שלא היתרו זה רק בעיסקא ולא בהלואה שנראה כרבית אפילו משלמים לו שכר טירחא ע"ש טעמיו.

Aruch.[5] This is the most popular type of *heter iska*. It is based on a ruling of the *Shulchan Aruch*[6] that when one invests a sum of money or goods with one's friend, the principal is considered as half loan and half deposit. In other words, half the money is a loan to the receiver to use as he wishes in order to make profit and this amount must be returned just as with any loan. The other half of the money belongs to the investor and the receiver agrees to invest it and to oversee the investment so that a profit will be gained. It is further agreed that both parties will share equally in profit or loss. However, it is also agreed between the parties that if the receiver desires to give the investor a fixed monthly or annual sum, then the investor will have no further claims upon the receiver, and all profit gained above the fixed sum will belong to the receiver. In this way, the receiver also frees himself from having to bring qualified witnesses as to the amount of loss of principal or from having to swear as to the amount of profit (as mentioned above).

However, there is still a problem of *ribbis*, for in exchange for the loan, the receiver is working for free to invest and manage the half of the principal which is a deposit and belongs to the investor. In order to eliminate this problem, the investor must pay a nominal sum to the receiver to compensate him for his efforts in managing the investment. (This is all fully explained in the introduction to Chapter Twelve.)[7]

5. חכמת אדם כלל קמ"ג. קיצור ש"ע סי' ס"ז סעי' ו'.
6. סי' קע"ז סעי' ב'.
7. בשטר היתר עיסקא של קצש"ע כתוב "וקבלתי שכר עמלי" ובזה אין חשש רבית. ויש מי שכותבים היום במקום "עסקים טובים" "לעסוק בשותפות." זאת אומרת שהם שותפים בכל עסקים שיש למקבל.

c) There is a third text which has recently become somewhat popular in Israel. In this document, only the word "deposit" is stated. In other words, a sum of money is given to the receiver to invest in business ventures. The receiver will be obligated to swear that he was not negligent in carrying out his duties. However, it is agreed by both parties that if the receiver gives a predetermined sum based on expected profits, then he will be free from the oath. It is further agreed that any excess profit (or a percent of any excess profit) will go to the receiver for his troubles.

The obvious advantage of this text is that there is no loan at all. The receiver is actually getting paid for services rendered.[8]

---

8. יש כמה חילוקי דעות אם מותר להלוות בהיתר עיסקא למי שאין לו עיסקא כגון מלמד או פועל שרוצה להשתמש במעות לשלם חובותיו וכו'. באגרות משה יו"ד ח"ב סי' ס"ב אינו מתיר רק כשהמקבל יש לו עסקים ושניהם (הנותן והמקבל) צריכים לידע בדרך כלל ענין העסק שהשקיע המקבל את המעות ושמו בין שניהם כפי ידיעתם כמה ירויחו ואם לאו אין מועיל היתר עיסקא. וכן דעת הקצש"ע סי' ס"ז סעי' י', וגם בש"ע התניא מ"ב, וכזה איתא בשו"ת תשורת שי סי' פ"ח.

אמנם בשו"ת מהרש"ם ח"ב סי' רט"ז מיקל הרבה שאפילו שמשלם חובותיו במעות אלו מכיון שהיה לו הברירה להשקיעם בעסקים טובים ואינו רוצה לישבע שלא היה ריוח אז מותר לו לשלם הריוח שקצצו כדי למנוע עצמו מלישבע. ואיתא בשו"ת שואל ומשיב מהד"ק ח"ב סי' ק"ס שאם ההלואה מסייע את המלמד או הפועל שלא לאבוד את פרנסתו שעכשיו יכול הוא לשלם חובותיו ולא יהיה צריך לבקש פרנסה אחרת אז נחשב זה ג"כ לעיסקא. וכן איתא שם בשואל ומשיב תליתאי ח"א סי' קל"ז שאם בהלואה זו יכול המקבל לשלם חובותיו ואז לא יהיה אנוס למכור ביתו ויהיה צריך ליתן מעות בשביל לשכור דירה, זה ג"כ נחשב כעיסקא ודעתם של הנותן והמקבל מתחלה שהמלוה שותף בכל עיסקי הלות.

ועיין בשו"ת אמרי יושר ח"א סי' ק"ח שהשיג על השואל ומשיב. וע"ע בחוות דעת סי' קע"ג ס"ק ד' עצתו איך ללות בהיתר למי שאין לו עסקים ולקבל ממנו ריוח.

יש עוד ספק בשבועת המקבל (שזהו ההיתר לשלם לנותן הריוח מפני שאינו רוצה לישבע) מה אם באמת הנותן גם יודע בעצמו שלא היה ריוח וא"כ האם יש היתר לקחת ריוח כשאינו נשבע, שלכאורה אינו יכול לישבע? עיין בא"מ יו"ד ח"ב סי' ס"ב, ס"ג שאין שום היתר לתבוע שבועה כזאת. וכן בשו"ת תשורת שי ח"א סי' ג' ובפנים מאירות ח"ב סי' ג'.

153 May one procure a mortgage from a Jewish mortgage company with a *heter iska*? Do we say that since the money is being used to purchase a house and not for financial investments, the *heter iska* is not relevant?

—It is permitted. We are not obligated to assume that the buyer does not have the purchase money for his house. He may very well have the money and yet wish to take out this mortgage in order to reap profits from other investments.[9] In fact people often take out mortgages on their homes for investing in business ventures.

154 If the seller of a house is willing to take back a mortgage in order to facilitate the sale, is there any problem of drawing up a *heter iska*?

—Yes. Since in fact no money is changing hands, one cannot truthfully say that this money will be invested in order to realize a profit for both parties. Therefore, the seller cannot demand an oath or accept the predetermined sum in place of the oath.

אמנם בשו"ת מהרש"ג יו"ד סי' ד' הוא מתיר. יש עוד אופנים שאינם פשוט לעשות ה"ע. כגון מי שמוכר ביתו לחבירו לדור שם ונותן "מארגעדזש" לקונה. מפני שבאמת לא נתן לו שום מעות (וז"א המוכר ללוקח) אז לכאורה אין כאן עיסקא ואין שייך שבועה. (ועל דבר זה עיין בא"מ שם סי' ס"ב).

ולכן חוזרים אנחנו על דברינו לעיל שלא לעשות ה"ע רק בקי בעניינים אלו, כי הרבה פעמים יש עוד עצות כדאיתא בש"ע סי' קע"ז סעי' ז' וש"ע התניא וכמובא גם בקצש"ע סי' ס"ז סעי' ל. ועיין גם בדרכי תשובה סי' קע"ז ס"ק מ"א שמאריך בעניינים אלו.

9. אגרות משה יו"ד ח"ב סי' ס"ב שכותב ואף שלקח המעות על הבית אין הכרח העסק הוא דוקא הבית הזה דהא אפשר שיש לו מעות לשלם עבור הבית אך שצריך אותם לעסקיו האחרים וכו' ע"ש. ולפני זה כותב וצריך שהנותן לא ידע במה הוא עוסק כדי שלא ידע הנותן מה שהיה ויוכל להשביעו דאם ידע הנותן במה הוא עוסק הרי אפשר שידע בעצמו שהיה הפסד או שלא היה ריוח ולא שייך להשביעו אז ויהיה מוכרח ליקח פחות אם יהיה מעט ריוח וגם להפסיד אם יהיה הפסד. ע"ש.

However, there is a solution by which a loan can be completely circumvented. The idea is for the mortgagee to obtain title in the property to the exact proportion of the amount of the mortgage. Therefore, if the house costs $200,000 and the mortgage is $100,000, then the seller would have title to 50% of the house. The monthly payments based on principal plus interest would be considered as a rental fee that the buyer must pay the seller. As the principal is paid off, so does the share of the seller's title diminish.[10] (For a more detailed account of how to avoid legal pitfalls see *Contemporary Halachic Problems* by Rabbi J. David Bleich, Volume Two, chapter on *Heter Iska*.)

155 What is the law if a *heter iska* was not drawn up at the outset of the loan? Can this be corrected even during the loan period?

—Yes. A *heter iska* can be drawn up in the middle of the loan period and it will remove any problem of *ribbis* from that point and on, but any *ribbis* paid up to that point is not covered by this *heter iska*.[11] A *kinyan* must be made in order to transfer funds from one party to the other. Therefore, a competent *rav* must be consulted as to how to handle this matter.[12]

---

10. אגרות משה שם אופן ב.

11. דגול מרבבה סי' קע"ז סעי' י"ט-אם קנו ממנו או שעשו שטר עיסקא משתעבד אפילו אחר ההלואה.

12. החוות דעת (שם) בביאורים ס"ק ו' מסביר שקנין סודר מועיל להקנות מטלטלין שביד המלוה. וא"כ משמע שדבר זה מועיל רק בסחורת. וכן איתא בברית יהודה פרק מ' סעי' כ"ג שמועיל בסחורה ע"ש. וא"כ על הלוואת כסף לבד יש להסתפק. ועיין בספר תורת רבית פרק ט"ז ס"ק קל"ז.

156 If the time period for the *heter iska* has passed and the receiver continues to pay the investor as before, is there any problem of *ribbis*?

—No. It is permitted to do so, and the text of most documents of *heter iska* allows for this possibility.[13]

157 Reuven gave Shimon $200,000 at 10% for three months based on a valid *heter iska*. At the end of the three-month period, Shimon was only able to come up with half of the money. If Reuven is willing to continue for another three months, what procedures should be taken?

—An additional clause should be written under the text of the original *heter iska* stating that all the above conditions are to remain in effect for another three months. The current date should be entered and the document signed by Reuven.[14] This procedure may be repeated at the end of each specified period.

---

13. ולא רק מותר אלא המתעסק חייב לתת לנותן את חלקו ברווח שהיה בזמן הנוסף ואינו יכול לומר לעצמי התעסקתי. עיין ט"ז סי' קע"ז סק"יד שכותב כיון שמתחלה בא לידו המעות בהיתר ודאי נמשך גם אחר הזמן. ובסק"לא כותב בוש הוא שיאמרו עליו שאחר הזמן הוא מעכב המעות אצלו ואינו מחזירם לבעליהם ובעליהם מפסידים. וכן בש"ע התניא סעי' מא. וכן הוא בשו"ת מהר"ם אלשיך סי' קי"ז.

ואם היה הפסד בזמן הנוסף יש פוסקים שההפסד למקבל בלבד והם החכמת אדם סי' קמ"ב י"א בשם הסמ"ע ושו"ת מהרש"ם ח"ד ע"ב ושו"ת מהר"ם אלשיך הג"ל. אמנם בדרכי תשובה קע"ז סעי' ט' מביא דברי החולקים בזה והם החכמת שלמה ושואל ומשיב מהד"ק ח"ג סי' רס"א.

14. אבל אם יכתבו היתר עיסקא מחדש אז לכאורה יש עיסקא חדש. וא"כ יש כאן בעית. והיא שבאמת אין שמעון נותן כלום לראובן ז"א שאין כאן החלפת מעות מיד שמעון ליד ראובן וא"כ איך כותבים היתר עיסקא מחדש אם באמת אין כאן עיסקא חדש. אלא העצה כבפנים שרק ממשיכים הזמן של העיסקא הראשון וא"כ אין כאן שום פקפוק.

158 A person borrowed money from a Jew with interest, unaware that it is prohibited. If he is later made aware of the prohibition, is there any way for him to make payments until he can cancel the loan?

A similar problem occurred when someone took out a mortgage from a bank for the purchase of his house. A number of years later, he was informed that his mortgage had been sold to another mortgage company. After some investigation, it was discovered that the new mortgage company was under Jewish ownership. If payments are not made, then the property is subject to foreclosure. Is there any way to continue making payments until a *heter iska* can be drawn up or some other solution is found?

—When the lender and borrower are on good terms and both wish to solve the problem, then the borrower should pay up the entire loan with cash or its equivalent value (diamonds, jewelry etc.). Then the money is given by the lender to the borrower in the form of a new investment with a proper *heter iska* drawn up.[15]

If there is no rapport between the two parties, then the borrower should appear before a *beis din* and proclaim that all payments from now on are principal payments and not interest. This will give the borrower extra time in which to negotiate a valid *heter iska*.[16]

---

15. ספר ברית יהודה פרק מ' סעי, כ"ג שמתיר אפילו כשיקנה הלוה למלוה סחורה שיש לו בביתו בקנין סודר או שיתחייב בשטר שיקנה סחורה לזכותו בדרך עיסקא.
16. זה שמעתי מהרה"ג ר' יחזקאל ראטה ובאמת כזה איכא באגרות משה יו"ד ח"ב סי' ס"ה אפילו שלא בפני בית דין.

159 Taking Question 158 one step further, what can a person do if he thought he was borrowing money from a non-Jew and found out that the lender is a Jew who is against any suggestion of *heter iska?*

—This is a very difficult problem. A solution might be to make the interest payment *hefker* (see glossary) and then the lender will acquire it from *hefker*. In this way, the biblical prohibition on the borrower is sidestepped.[17] In any event, a *shailah* should be asked of a competent *rav*.

---

17. עיין ברית יהודה פרק ו' ס"ק מ"ח ויש להסתפק בהפקיר ע"ג סלע וזכה בו הלוה אי הוי רבית קצוצה הגם דגבי מודר הנאה אסור בכה"ג (כמבואר ביו"ד סי' רכ"א סעי' ח, ט) היינו משום דמדרבנן אינו הפקר אבל לענין רבית קצוצה כיון דמדאורייתא הוי הפקר אפשר דמהני לצאת מדין רבית קצוצה, ע"ש. ולכאורה בנידן דידן יש לומר להיפך גבי תשלומין שיפקירם הלוה בפני שלשה אם אפשר. ואם משום איזה טעם אי אפשר בפני שלשה אז יפקירם בעצמו ויפטר מרבית דאורייתא. ויש להביא כאן ממה דאיתא במס' שבת ד"ף אמר רב ביבי בר אביי הדביק פת בתנור התירו לו לרדותה קודם שיבא לידי איסור סקילה. אז יש ראיה שמותר לעבור איסור דרבנן דהיינו רדיית הפת (קי"לזשם) כדי שלא לעבור על איסור דאורייתא. וה"ה כשהדביק בשוגג דשרי כדי שלא יבא לידי איסור חטאת וכן איתא ברמב"ם (הל' שבת הל' ה') שאפילו אם הדביק הפת בשוגג בשבת שאין שום סקילה רק חיוב חטאת ג"כ מותר לעבור על שבות כדי שלא יתחייב חטאת. וכן איתא בש"ע או"ח סי' רנ"ד סעי' ו' ועיין במ"ב ס"ק ל"ט. והמ"מ מפרש ולאו דוקא הדביק מזיד אלא שאפילו בשוגג ומובא במ"א ס"ק כ"א דשוגג הוה רבותא טפי דהא כיון שנזכר א"כ ליכא חיוב חטאת דבעינן שיהא תחילתן וסופן שגגה אפילו הכי מותר לרדות מקודם. והגם שאין זה ממש דומה לנידן דידן כיון שבנידן דידן בשב ואל תעשה אין שום עבירה משא"כ בהדביק פת, מ"מ כיון שהמלוה יקח אותו לארכעות וכדומה ויהיה לו הזיקים והפסדים רבים נראה שיש ללמוד מהדביק פת כשא"י לו להפקירם בפני שלשה. ולכן יכתוב סערטיפייד טשעק ל"קעש" שטייך לכל מי שיחזיק אותו ויפקיר את הטשעק בפני המלוה כדלעיל.

אמנם המ"א מוסיף (וכן מובא במ"ב שם) דוקא הוא אבל אחרים אסורים לרדות וכן איתא בב"ח. והוא מן הגמרא (שם) וכי אומרים לו לאדם חטא כדי שיזכה חברך. וא"כ אינני מבין מה שמביא בס' וחי אחיך עמך (קק"א) על שאלה שלנו וז"ל שאם יכול לפעול שחבר שלו ישלם הרבית ולא בתורת שליח ואח"כ ישלם הלוה לחברו-לכאורה זה טוב מאוד-ואע"ג דחז"ל אסרוה מ"מ הוי רק מחזי כרבית ולא רבית גמור (סי' ק"ס סי"ג) וכאן להנצל מאיסור רבית קצוצה נראה דשרי ויזהר שלא תהא באופן חוב על הלוה לשלם לאחר (חבירו) רק שהאחר (חבירו) יהא חבר טוב שיסמוך עליו ולא יבטיחנו הלוה בפה או בכתב לשלם לאחר מה ששילם למלוה ע"ש.

ובאמת זה כנגד מה שהבאנו לעיל שהוחתר לעבור על איסור דרבנן כדי שלא יעבור

160 Reuven gave Shimon a loan with interest, both parties not realizing that it is forbidden. After the principal plus interest were paid to Reuven, both parties were made aware of the prohibition. As such, Reuven returned the amount of the interest. Shimon, feeling bad that he caused Reuven a loss (which he would not have suffered had he made the loan to a non-Jew) was given the following advice. He should once again receive money from Reuven with a *heter iska* stipulating that Reuven is to receive in one month the amount of profits which would equal all the interest which Reuven had previously returned, plus the current rate of interest for the amount of money received by Shimon. Is this a legal loophole? Or do we say that since it is obvious that in the short span of a month the tremendous amount of profits expected are not realistic, they therefore are viewed as no more than a contrivance and should therefore be forbidden?

—Although strictly speaking, the *heter iska* is legal, the *poskim* have ruled that agreements of this sort based on *heter iska* should not be condoned.[18]

על איסור דאורייתא רק מותר באותו האיש עצמו אבל לא באחר. מ"מ אפשר לתרץ בעדו שלפי תירוץ השני בתוס' (שם ד. ד"ה וכי אומרים) דדוקא היכא דפשע קאמר וכי אומרים לו לאדם חטא כדי שיזכה חברך וכו' ע"ש. בנידן דידן הא לא פשע הלוה שמתחלה חשב את המלוה לעכו"ם. ויש לפלפל בדבר ומה שנראה לעניית דעתי כתבתי.

18. עיין בספר קרן התורה בסוף הפתיחה. וגם ברית יהודה פרק מ' סעי' כ"ד וז"ל אם רוצה הלוה לפצות את המלוה עבור הזמן שעבר יכול להגדיל קצת את סכום ההתפשרות בהת"ע שעושים מכאן ולהבא בתנאי שלא יפרש לו שמשום ההלואה הקודמת עשה כן. ושם ס"ק מ"ג ונראה שאם מעלתו הרבה הסכום ההתפשרות וכ"ש כשעושה חשבון לפי זמן וסכום המעות שהיו אצלו בהלואה דהוי כמפרש ואם ההלואה הקודמת היתה בקציצת רבית באופן האסור אפשר יש לחוש לזה לרבית קצוצה ע"ש. ועיין בשו"ת מנחת יצחק (ח"ו סי' קס"א) שג"כ אוסר בכעין זה.

161 Reuven gave Shimon a substantial amount of money for six months with a proper *heter iska.* After five months had passed, Shimon did not need Reuven's money any longer as other parties had offered him loans. May Shimon repay Reuven the principal plus profit a month earlier or is Reuven receiving more than agreed upon which appears as *ribbis?*

—It is permitted if these five months are a reasonable amount of time wherein the amount of profit in question could be realized.[19]

162 Both parties totally forgot about a *heter iska* at the time of the loan and then remembered later but had no way to procure a *heter iska* or have one drawn up. Is there any solution for them?

—Yes. If it is an emergency situation (שעת הדחק) and for some reason cannot be put off, then they may state orally that the transaction that they are about to enter is subject to the laws of *heter iska* according to the Maharam or the *Chachmas Adam.*

ולענ"ד נראה לדמות שאלתינו למה דאיתא במס' בכורות ל"א גבי מעשר בהמה
ששחטו שאינו מבליען בעורו ובחלבו ובגידו (פירש"י דאסור למכור הבשר אלא החלב
והעור והגידין ימכור ויבליע לו בתן דמי הבשר שימכור לו העור והגידין ביוקר כמה
ששוה הכל ויתן לו הבשר במתנה) ואסור לעשות כן. ומקשה הגמ' מאי שנה מאתרוג של
שביעית שפוסק רב הונא לוקח לולב מחבירו בשביעית ומבליע לו דמי אתרוג בלולב
ונותן לו האתרוג במתנה? ומתרץ הגמ' התם לא מוכחא מילתא הכא מוכחא מילתא
ופרש"י התם (גבי אתרוג) לא מוכחא מילתא משום דדמי קלים ואינו ניכר שהבליעם
בלולב אבל הכא (גבי מעשר בהמה) אפילו בהבלעה נמי מוכחא מילתא דמוכר הבשר
דהדבר ידוע שאין עור נמכר כולי האי בדמים יקרים ע"ש.
ולכן מבואר שכשעושים דבר בדרך הערמה צריך להיות בדרך שאין נראה כהערמה
ולכן בשאלתינו מכיון שאין עושים עיסקא לזמן קצר בשביל כ"כ ריוח אז ניכר שאין
זה לשם עיסקא אלא להשלים הרבית או התפסד שגרם למלות.
19. וכן הסכים עמי הרה"ג מוה"ר ר' יחזקאל ראטט.

It must be reiterated that only in a situation of such dire need may this lenient ruling be used.[20]

If we are dealing with a document such as an I.O.U. note, etc., and the situation is as described above, some permit writing on the document "according to the *heter iska* of the *Chachmas Adam*."[21]

---

20. עיין קצש"ע סי' ס"ו סעי' ז' וגם בברית יהודה.

אמנם בשו"ת שערי דעה ח"א סי' ה' (הובא בספר שערים מצויינים בהלכה) כתוב בשם הגה"ק צמח צדק מלובאוויטש דצריך שיכתוב דוקא ולא מהני בעל פה והביא ממש"כ בשיטה מקובצת (כתובות נ"ו) בשם הריטב"א על מה דאיתא בגמרא לענין אם רצה כותב לבתולה שטר של מאתים והיא כותבת התקבלתי, טעמא דכתבה ליה הכי וכו' כיון שעיקר הענין ע"י הערמה, בעי כתיבה דוקא. והכי נמי בהיתר עיסקא כיון דנראה כהערמה צריך כתיבה דוקא ע"ש.

מ"מ נראה לסמוך על המקילים בשעת הדחק וכן איתא בשו"ת שואל ומשיב מהדו"ג ח"א סי' קל"ז.

21. כותבים על השטר "עפ"י היתר עיסקא דחכמת אדם" כך שמעתי מרבנים שליט"א. אבל רק בשעת הדחק.

14

Heter Iska Klali

In the year 1930, a *sefer* entitled *Takanas Rabim*[1] was published in which the idea of a general *heter iska* for every individual was introduced. The idea proposed therein was that each person sign a general *heter iska* in *beis din* which clearly informs the *beis din* that all future business transactions will be subject to the laws of *heter iska*. Although there were many who disagreed with this concept, a long list of great *poskim* who supported it is mentioned in the *sefer*.[2]

This idea is not necessarily limited to businessmen. Anyone would probably benefit by signing such a document, as the opportunities of falling into the severe

1. בשנת תר"צ יצא האדמו"ר הרה"צ מוהה"ר אלתר עזריאל מאיר איגר מלובלין נין ונכד לרבי עקיבא איגר בתקנה שכל אחד ימסור בפני בית דין שכל עסקיו יהיו עפ"י היתר עיסקא ולזאת יחתום על שטר היתר עיסקא כללי. והוציא אז ספר תקנת רבים.
2. בין המסכימים-הרה"ג מוה"ר אלי' קלצקין, מאיר אריק, שמואל ענגיל (ראדאמישלע, אברהם מנחם הלוי שטיינברג (בראדי) ועוד. ורוב רבני פולין הסכימו.

transgression of *ribbis* are numerous, as we have seen throughout this work.

Nevertheless, it must be pointed out that the general *heter iska* is only to be used if one didn't realize that there was a problem of *ribbis*, or when an authentic *heter iska* was not drawn up. In short it may only be relied upon in situations of emergency (שעת הדחק). Furthermore, there are some doubts if it actually helps for a real loan where there is a question of *ribbis d'Oraisa.*

Nevertheless, there are myriad instances in business and in everyday life not directly connected to loans where there are problems of *ribbis.* For these occasions when one isn't aware of *ribbis*, the general *heter iska* can only be an advantage and is highly recommended.[3]

3. וכן סברי הגאון רבי פינחס עפשטייין זצ"ל שאמר דמי שסומך על היתר עיסקא כללי אין ספק שמותר שכך הורו גאוני הדור זצ"ל.
וכן האדמו"ר מגור זצ"ל וסכככטשוב זצ"ל הסכימו להצעה. (מובא בספר מועדים וזמנים ח"ז סי' מ"א).

A Listing Of The Different Versions
Of Heter Iska Reproduced In This Book
(Suitable For Photocopying)

טופס שטר עיסקא שתיקן מהר"ם ז"ל

טופס שטר עיסקא על צד היותר טוב בקצרה שתיקן החכמ"א

טופס שטר עיסקא על צד היותר טוב בארוכה שתיקן החכמ"א

טופס שטר עיסקא שכתב בעל קיצור שולחן ערוך

שטר היתר עיסקא

שטר היתר עיסקא מהתאחדות הרבנים דארצות הברית וקנדא

נוסח היתר עיסקא של כולו פקדון

שטר היתר עיסקא כולו פקדון בקקצרה

טופס שטר היתר עיסקא כללי שהוצע ע"י האדמו"ר מלובלין

Heter Iska (Pursuant to Jewish Law)

שטר עיסקא פלגא מלוה ופלגא פקדון

שטר עיסקא כולו פקדון

Personal Heter Iska (see previous page)

טופס שטר עיסקא שתיקן מהר"ם ז"ל

אנחנו החיימ מודים שקבלנו מזומנים [סך כך וכך] מיד פלוני בן פלוני
בעיסקא לטובתו ואחריותו, וכל עסק טוב וסחורה טובה שיזדמן לידינו בהם
יהיו מעותיו קודמין למעותינו, וככה נתנהג תמיד עד שיעלה ריוח מהן סך [כך
וכך]. ובלבד שלא נעשה חובות מדמי עיסקא הנ"ל ואם לפעמים נצטרך ליקח
לצרכינו מדמי העיסקא לא נהיה נקראים שולחים יד בפקדון, ומיד שיעלה ריוח
כנ"ל אזי מאותה שעה והלאה יהיו כל המעות קרן וריוח בידינו הלואה גמורה
עד זמן פלוני. ואז מחוייבים אנחנו לטפל בכל מה שיש לנו, למכרו ואפילו בחצי
שווייה, כדי לפרוע לבעל השטר ולבא כחו במזומנים כנ"ל לזמן הנ"ל, כפי מה
שיאמר בעל השטר או בא כחו בדבור הקל עלינו לפרוע כגוף החוב, ואין אנו ולא
שום אדם נאמנים לומר פרוע הוא או מחול הוא שטר זה, כולו או קצתו, ולא שום
טענה הגורעת כח שטר חוב זה, ואפילו בשבועה חמורה, ואדרבה בעל השטר ובא
כחו נאמנים עלינו ועל בא כוחינו בדיבור הקל בלי שום אלה ושבועה, ואין
אנחנו נאמנים לומר שהיה הפסד ואחריות במעותיו של בעל השטר אם לא
בעדים כשרים. ואם יעידו עדים כשרים שהיה הפסד במעותיו של בעל השטר אין
אנו נאמנים לומר שהיה זה טרם או קודם שעלה ריוח הנ"ל אם לא בשבועה
חמורה כמו שיחמיר עלינו בעל השטר ובא כחו, וכן אין אנו נאמנים לומר שלא
הרווחנו כלל במעותיו של בעל השטר או לומר שלא עלה ריוח כנ"ל ושעסקנו
בעיסקא באמונה אם לא בשבועה חמורה כנ"ל, וכל אחד מאתנו החתום מטה
נעשה ערב קבלן בעד חבירו, ויד בעל השטר על העליונה וקבלנו מבעל השטר
פלוני בן פלוני סך [כך וכך] בשכר עמלנו ומזונינו. כל הנ"ל קבלנו עלינו ועל
יורשינו אחרינו בחרם חמור ובשד"יא לאשר ולקיים, ואם נעבור מחוייבים אנו
ליתן קנס לצדקה חומש הקרן.

נעשה היום, יום . . .

טופס שטר עיסקא
על צד היותר טוב בקצרה שתיקן החכמ"א

מודה אני החי"מ שקבלתי לידי סך [כך וכך] בתורת עיסקא
והתחייבתי את עצמי שכל סחורה טובה שיהיה נראה בעיני שהיא
היותר קרובה להרויח בה מחוייב אני לקנות בעד סך הנ"ל, והם קודמין
למעותי, וכל הריוח שיזמין ה' לידי מאותה סחורה אזי יהיה מחצית
הריוח לי החי"מ, והמחצית למוכ"ז, רק שאנכה מחלקו בעד טרחתי רבע
רובל כסף לכל משך השותפות, בין שיהיה ריוח או לא, וכן ח"ו להפסד
הוא חלק כחלק, ואין לי נאמנות לומר הפסדתי אלא עפ"י ב' עדים
כשרים ונאמנים מוחזקים לכשרים. ועל הריוח אין אני נאמן רק דוקא
בשבועה חמורה, ובפירוש התנה שכאשר ארצה ליתן למוכ"ז מחלקו
בריוח א' וחצי למאה לכל חודש אזי אף שארויח הרבה אין לבעל השטר
עלי שום שבועה כי המותר שייך לי לבד, וכל דין תורת נאמנות לבעל
השטר אף לאחר זמן פרעון. וזמן הפרעון בכל חודש וחודש, אך כשיהיה
ריוח כנ"ל אזי אינו יכול ליקח העיסקא מידי עד כלות משך ששה
חדשים (או יותר כרצונם) רק שמחוייב אני להודיע לו בכל חודש אם לא
היה ריוח וכ"ש הפסד ח"ו, וכשלא אודיע לו אזי שתיקה כהודאה שהיה
ריוח כנ"ל, וכל זמן שלא אחזיר המעות הנ"ל הם בידי בעיסקא הנ"ל, כל
הנ"ל נעשה בקנין אגב סודר כתיקון חז"ל וכו'.

טופס שטר עיסקא
על צד היותר טוב בארוכה שתיקן החכמ"א

מודה אני הח"מ שקבלתי לידי ממוכ"ז סך . . . להתעסק בהם, וכל עסק ומשא ומתן טוב
שיזדמן לפני לקנות מחוייב אני לקנות דוקא במעות הנ"ל, ותמיד מעות הנ"ל קודמין למעותי, וכל מה
שארויח בהם יהיה חצי ריוח להנותן וחצי ריוח לי הח"מ. ועבור טרחתי נתרצתי לנכות מחלק הנותן רבע
רו"כ לכל משך חשותפות כשלא יהיה ריוח. (אבל אם יהיה ריוח ינכה לו מהריוח.) וכן אם יהיה ח"ו הפסד
הוא לחצאין. ובפירוש הותנה שאין אני רשאי למסור המעות הנ"ל לשום אדם שבעולם ואפילו לקרעמר
(חנווני) שלי או לאשתי ובני וכו' אלא דוקא אני בעצמי מחוייב לעסוק במעות הנ"ל, בין בקניית הסחורה
ובין למכור. גם אין לי רשות להחזיק בכל חנותי שום סחורה האסורה ע"פ קיסר יר"ה, וכ"ש לקנות
מעות הנ"ל מסחורות האסורות וגם אין לי רשות לנסוע עם המעות הנ"ל לקנות סחורה חוץ למדינה,
שלא ליתן מסחורה הנ"ל או מעות הנ"ל בהקפה לשום אדם בעולם, ומחוייב אני לשמור המעות הנ"ל
כדין כספים בקרקע. וכשאקנה מהם סחורה מחוייב אני להחזיקן בלילה בבית דוקא בבית שאני ישן בתוכו,
או להעמיד שומר. ועל כל הנ"ל איני נאמן לומר שקיימתי כל הפונקטין (הפרטים) הנ"ל אלא ע"פ עדים
כשרים ונאמנים המוחזקים לכשרים בעיני כל אדם בלא פקפוק, ושלא יהיו מקרובי אפילו קרוב רחוק
או קרוב ונתרחק או ממחותני. ובפירוש הותנה שאם אשנה א' מכל הפונקטין (הפרטים) אז אפילו אם
אפסיד כל ההפסד חל עלי הח"מ, ואם יהיה ריוח החצי שייך לנותן. ואפילו כשאקיים כל הפונקטין
(הפרטים) הנ"ל אין אני נאמן לומר שהיה ההפסד בהסחורה או במעות הנ"ל אלא על פי עדים כשרים
ונאמנים כנ"ל וגם אין אני נאמן לומר שלא הרוחתי או כמה הרוחתי אלא על פי שבועה חמורה. אך זאת
הותנה בפירוש שאפילו אם ארויח הרבה אם אתן לנותן העיסקא בעד חלקו סך . . . $ אחר ניכוי שכר
טרחתי כנ"ל, אזי אין לו עלי שום שבועה וגלגול שבועה וקבלת חרם בעולם. וזמן פרעון של העיסקא הוא
בסוף החודש. ואמנם כשיהיה ריוח בסוף החודש על חלק הנותן כפי תנאי הנ"ל אזי איני יכול לכוף אותי
לסלק לו סך הנ"ל, אלא ישאר בידי על כל האופנים הנ"ל עוד על חודש וכן עד כלות ששה חדשים מהיום
דלמטה ולאחר כלות ששה חדשים (או יותר כפי התנאי) מחוייב אני להחזיר סך הנ"ל עם ריוח המגיע
לחלקו כפי התנאי הנ"ל במזומן דוקא ולא בסחורה. ואמנם בתוך ששה חדשים הנ"ל מחוייב אני לעשות
חשבון בסוף כל חודש וחודש, וכשלא יהיה ריוח עכ"פ שיגיע לחלק הנותן סך . . . למאה כנ"ל וכ"ש שיהיה
הפסד ח"ו ויתברר הכל כנ"ל, אזי מחוייב אני להודיע למוכ"ז דוקא ע"י הסרסור ושמש ב"ד שהיה הפסד
או שלא מגיע על חלקו ריוח כנ"ל, ורשות אז למוכ"ז לגבות מעותיו תיכף וכן בכל חודש וחודש, ובאם שלא
אודיעו ע"י הנ"ל אז השתיקה כהודאה דמי וכאלו הייתי מודה בב"ד חשוב שלא היה הפסד והרוחתי על
חלקו כנ"ל, ואין אני נאמן לומר לא בשבועה ולא בעדים שלא היה ריוח ומשיטא הפסד. ורשות להעתיק
על נייר שטעמפיל ולשלם פאסלינע כפי חוק הקיסר יר"ה. ויהיה לכתב עיסקא חלז כל תוקף שט"ח
ועקסיל בדיני ישראל ובדיני האומות וכל דין תורת נאמנות לבעל השטר נגדי ובא כוחי ויוצאי חלצי אף
לאחר זמן פרעון כל הנ"ל נעשה בתקיעת כף בפועל ממש ובקנין אגב סודר ובאופן היותר מועיל כתיקון
חז"ל.

טופס שטר עיסקא שכתב בעל קיצור שולחן ערוך

מודה אני החתום מטה שקבלתי לידי מאת . . . . סך . .
. . בתורת עיסקא לחצי שנה מיום דלמטה, והתחייבתי את עצמי שכל
סחורה טובה שתהא נראה בעיני שהיא היותר קרובה להרויח בה,
מחוייב אני לקנות בעד סך הנזכר לעיל והם קודמים למעותי, וכל
הריוח שיתן ה׳ לידי מאותה סחורה יהיה המחצה לי ומחצה ל . . . . . .
. . הנ״ל, וכן ח״ו להפסד הוא חלק כחלק, ומיד אחר כלות חצי שנה מיום
דלמטה אני מחוייב להחזיר ל . . . . . הנ״ל את הקרן וגם חצי הריוח שלו,
ולא יהא לי נאמנות לומר הפסדתי אלא עפ״י עדים כשרים. ועל הריוח
לא אהא נאמן רק בשבועה, ואולם תנאי היה ביניני שאם ארצה ליתן
לו בעד חלק ריוח שלו י׳ זהובים אזי אין לו עלי שום שבועה כי המותר
שייך לי לבד, אפילו יבורר שהיה הרבה ריוח, וכל דין תורת נאמנות
לבעל השטר אף לאחר זמן פרעון, וכל זמן שלא אחזיר את המעות הנ״ל
הם בידי בעיסקא באופן הנ״ל וקבלתי שכר עמלי.

יום . . . שנת . . .

וחותם מקבל העיסקא

בפנינו עדים . . .

שטר היתר עיסקא

חתימת ידי דלמטה תעיד עלי כשני עדים כשרים ונאמנים איך שקבלתי מהגי׳ר
... סך ... בתורת עיסקא, והנני משעבד כל מהסחרים ועסקים שאעסוק בהם מהיום דלמטה
במעות העיסקא הנ״ל כל זמן שיהיה המעות הנ״ל תחת ידי החתום מטה שיהיה לחצי ריוח
וחצי הפסד ח״ו, ובפירוש הותנה שעל סכום הקרן הנ״ל לא אהיה נאמן לטעון הפסדתי או
פרעתי כולו או מקצת, או אמנה, ולא שום עניני טענות, כי אם בבירור שני עדים כשרים
ומוחזקים לנאמנים. ור׳ ... ובני ביתו ויורשיו אחריו יהיו נאמנים נגדי ונגד יורשי אחרי
בכל עניני טענות על הקרן בדיבורים הקל, והנני פוטרים משום שבועה וקבלת חרם ותקיעת
כף והן צדק אף על ידי גלגול לעולם, בין קודם הפרעון בין לאחר הפרעון, ועל הריוח אני
נאמן על פי שבועה. אלם הותנה ביניננו שהברירה בידי החתום מטה ליתן לר׳ ... הנ״ל בעד
חלקו ריוח סך ... בכל חודש וחודש ואהיה פטור משבועה ובמקום שצריך ליתן שכר טירחא
אקבל אחוז אחד בשכרי. והנני מחייב את עצמי שמתי שיתבע ממני מי בעל השטר הזה הקרן
והריוח שמגיע לו, אני מחויב לשלם לו תיכף ומיד בלי שום עיכוב ודחיה והרחבת זמן כלל.
וכל זמן שיתעכב המעות הנ״ל תחת ידי אף אחר התביעה או הגבלת זמן פרעון כל הסכום
הנ״ל או מקצתו, אני מחויב לשלם העיסקא לפי חשבון הנ״ל לבעל השטר הזה וליורשיו
אחריו, וכן יורשי אחרי, כל זמן שלא אשבע על הריוח. והנני פוטר את בעל השטר הזה
ויורשיו אחריו מקבלת חרם קודם שבועתי וגם שלא אוכל להפוך עליו ועל יורשיו אחריו
שבועתי לומר השבע לי, ולא על קבלת חרם ותקיעת כף והן צדק ונאמנות, רק כל זמן שלא
אשבע אני מחייב אני ויורשי אחרי לשלם העיסקא הנ״ל כל זמן שיהיו המעות תחת ידי או תחת
ידי יורשי אחרי. והנני מחייב את עצמי לעמוד לדין תורה במקום התובע כשיזמין אותי על
ידי הרב אב״ד או דיין שבגליל בעתש״יט ליום המוגבל בהזמנה בלי שום איחור, ובאם לאו
אהיה נידון כמסרב. והנני מודה בהודאה גמורה שעל כל הנכתב בשטר הזה התחייבתי את
עצמי לר׳ ... וליורשיו אחריו בקנין גמור אגב סודר בבית דין חשוב ובחיוב מעכשיו ובאפן
דלית ביה אסמכתא ובכל אפן המועיל על פי דין תורה הקדושה. וזולת השטר הזה נתתי על
סכום הקרן
...

על זה באתי על החתום יום ... לחודש ... שנת ... לפ״ק.

בפנינו עדים נעשה כל ענין הנ״ל ובפנינו חתם את עצמו ר׳ ... הנ״ל בחתימת ידו ממש.

נאום ....
נאום ....

שטר היתר עיסקא
מהתאחדות הרבנים דארצות הברית וקנדא

ב״ה, יום . . . לסדר . . . חודש . . . שנת תש . . .

מודה אני החי״מ שקבלתי לידי ממוכ״ז . . . . הסך . . .$
בתורת עיסקא והתחייבתי אי״ע שכל סחורה טובה שתהיה נראה בעיני שהיא
היותר קרובה להרויח ב״ה מחויב אני לקנות בעד סך הנ״ל והם קודמין למעותי,
וכל ריוח שיזמין ד׳ לידי מאותה סחורה יהיה מחצית הריוח לי והמחצה למוכ״ז
. . . . רק שאנכה מחלקו בעד טרחתי . . .$ לכל משך ימי השותפות בין
שיהיה ריוח או לא וכן להפסד חי״ו הוא חלק כחלק. ואין לי נאמנות לאמר
הפסדתי אלא על פי ב׳ עדים נאמנים ועל הריוח אין אני נאמן רק בשבועה
חמורה.

ובפירוש הותנה שכאשר ארצה ליתן למוכ״ז מחלקו הריוח . . . למאה לכל
חודש (אחר שאנכה מחלקו שכר עמלי) אז אף שארויח הרבה אין לבעל השטר עלי
שום תביעה כי הרויח שייך לי לבד. וכל דין תורת נאמנות לבעל השטר אף לאחר
זמן פרעון. והזמן פרעון בכל חודש וחודש אך כשיהיה ריוח כנ״ל אז אינו יוכל
ליקח עיסקא מידי עד כלות משך . . . . . . רק שמחיוב אני להודיעו בכל חודש אם
לא היה ריוח ומכ״ש הפסד חי״ו, וכשלא אודיע לו אז שתיקה כהודאה שהיה ריוח
כנ״ל. וכל זמן שלא אחזיר המעות הן בידי בעיסקא כנ״ל.

כל הנ״ל נעשה בקגא״ס כתיקון חז״ל ולראיי באעה״ח.

נוסח היתר עיסקא
של כולו פקדון
(מספר תורת רבית דף שה)

אני הה"מ . . . מודה שקיבלתי מ . . . סך . . . בתורת פקדון להשקיע בעסק טוב ומובחר ובכל צורת השקעה טובה המניבה רווחים. ואם אשתמש בכסף זה לצרכי הפרטיים הריני מקנה לו חלק בשווי הכסף הנ"ל בכלל עסקי המניבים רווחים ואותו חלק יהיה בידי בתורת פקדון. אם לא יהיו ברשותי עסקים טובים שאפשר להקנותם תמורת הכסף הרי שבעסקים והשקעות שיזדמנו לי אח"כ יהא בעל הכסף שותף כפי ערך הכסף שקיבלתי ממנו. ואותו חלק יהא בידי בתורת פקדון.

הרווחים שיהיו מכסף זה יתחלקו מחצה על מחצה ביני ובין . . . בעל הכסף. ובכל זה אהיה אחראי לכסף בדין שומר חנם בלבד. ואין אני נאמן לומר שאבד הכסף או שנפסד וכן שלא היו רווחים או על גובה הרווחים אלא בשבועה חמורה בנקיטת ס"ת. אך זאת הוסכם ביננו שאם אחזיר לו כסף הפקדון בתוספת של . . . אחוז לרווחים לשנה אזי כל הריוח המותר שייך לי ופטור אני מכל תביעה, בירור ושבועה מצד הנותן על הכסף הנ"ל.

כל זה נעשה בקאג"ס כתיקון חז"ל ובאופן שאין בו אסמכתא.

וע"ז באתי על החתום . . .

A short form for Heter Iska based on deposit only

שטר היתר עיסקא
כולו פקדון בקצרה

אני החתום מטה קבלתי מר׳ . . . .
מעיר . . . . סך . . .$ כפקדון לבד, בלי אחריות גניבה
ואבידה יוקרא וזולא, ובהתחייבות להשקיע הכסף עבורו בעסק
טוב. ואם אטען שהשקתי והפסיד, או לא הרווחתי עלי לישבע
שכן בבית דין שיקבלו השבוע, והוסכם שאם אין רצוני לישבע
וליפטר, אם אשלם בחזרה הפקדון הרווח משוער . . . אחוז לשנה,
אז אפילו הרווחים טפי פטור אני בזה אפילו בלי שבועה.

הכל שריר וקיים ונעשית בקגא״ס במנא דכשר למיקנא ביה.

נאום . . . .

טופס שטר היתר עיסקא כללי
שהוצע ע"י האדמו"ר מלובלין בקונטרס תקנת רבים

אנכי החי"מ מודה בזה שאני מחייב עצמי בחיוב גמור ומשעבד עצמי וכל אשר לי בשעבוד גמור המועיל עפ"י דין תורתינו הקדושה ותקנת חז"ל, שכל עיסקי ממונות שיהיו נעשים במשך השנה הנוכחית הבעל"ט ביני ובין אחרים מאחינו בני ישראל בכל מקום שהם, הן מה שאקבל מעות מהם והן מה שאתן להם, הן בתורת הלואה והן בהרחבת תשלומי מקח וממכר, והן בקניות ומכירת שטרות וכל עניני ממונות אשר יש לחוש עליהם חשש איסור רבית דאורייתא או דרבנן, יהיה הכל בתורת עיסקא על צד היתי"ע כתיקון מהרי"ם ז"ל ורבותינו שאחריו כמבואר בחכמת אדם. היינו באם אהיה אנכי הלוה, הנני משעבד עצמי עצהי"ע כני"ל לעסוק עם המעות ככל הצורך וכפי שאתפשר עם המלוה בנכיון איזה סכום בעד שכר עמלה, הכל כפי הצורך בהיתי"ע, וכן כשאהיה המלוה אני מקבל על עצמי שיהיה כפי חדין על צד היתי"ע, והנני נותן בחתימת ידי על השטר הזה כח ותוקף ועוז לכל דין ודברים שיהיה לי על אחרים או אחרים עלי לדון עמי על סמך כתב זה בחיוב ושעבוד הגוף ונכסים, ועלי לשלם או לקבל כפי אשר יושת עלי בבי"ד בלי שום טענות ומענות, והנני מקבל עלי כל זאת בחיוב ובשבועה ואלה שלא אחזור בי משיעבוד והתחייבות זו בכל העסקים שיהיו נעשים ביני ובין אחרים במשך שנה זו, והנני מתנה בפירוש שבאם אעשה בשעת איזה עסק היתר עיסקא מיוחדת לא יורע בזה תוקף שטר זה מכל שאר העסקים, אשר מחמת שכחה או אונס אחר לא אעשה היתי"ע מיוחדת, וכן כשאעשה היתי"ע מיוחדת על זמן ויתעכב העסק אחר הזמן, יהיה חל עליו חיוב ושעבוד שטר הזה ככל הנ"ל. כן אני מתנה שבאם אקבל או אתן מפורש בגמ"ח לא יהיה חל עליו חובת השטר הזה כלל, כל זה נעשה כחומר כל השטרות דנהגין בישראל העשויים כתקנת חז"ל, דלא כאסמכתא ודלא כטופסי דשטרי, בביטול כל מודעות ומודעי מודעות, כדרך שמבטלין בגיטי נשים, בכל אופן היתר מועיל עפ"י דין תוהי"ק, וכל זה אני מקבל על עצמי בקנין גמור אגב סודר בפני בי"ד חשוב, על דעת הרבנים חכמי הדור מתקני תקנה זו.

ולראיה באנו על החתום יום . . . חודש . . . שנה . . . פה עיה"ק . . .

HETER ISKA (Pursuant to Jewish Law)

My (our) signature(s) at the foot of this instruments bears witness (with the same force and effect as if two competent and credible witnesses had testified) to the fact that I (we) have received from _____ the sum of $_____ for the purpose of doing business. I (we) obligate and contract that all the business and transactions that I (we) will conduct with this money, from the date shown below, shall be held in trust, for our mutual account to be shared equally, as a joint venture for equal profits and equal losses, (Heaven forfend). I am to be paid by _____ one dollar for my services during the term of this iska, whether or not there are any profits. It is expressly agreed and understood that with regard to the aforementioned principal sum I (we) shall not be believed to state or set up as a defense that I (we) have lost or repaid this money in whole or in part, or that this was merely an accommodation, or any other type of defense, except if two competent and credible witnesses shall so testify. Said _____, his (their, its) assigns, heirs and successors shall be given full credibility as against myself (ourself), my (our) assigns, heirs and successors, in regard to all claims as to the principal sum aforementioned, without any oath whatsoever. I (we) hereby release him (them, it) his (their, its) assigns, heirs and successors from any type of oath, promise or any other type of solemn declaration or act, forever, even if it be indirect; both before and after any payment of the aforesaid sum. It being further understood and agreed that with regard to the profits I shall have full credibility if I (we) take a solemn oath according to the Torah as interpreted by Orthodox Jewish authorities. It is agreed further, however, that I (we) have the option, in lieu of such a solemn oath, to pay to _____, the sum of $_____ as his (their, its) profits, and I (we) shall be free from any solemn oath; the surplus shall be retained by myself (ourself) as earned wages. I (we) hereby obligate myself (ourself) that at any time that _____ shall demand payment of the principal and profit due him (it) that I (we) shall make immediate payment without delay or extension of time. During the entire time the aforementioned sum shall be in my (our) possession, even after demand and/or the due date for the return of the aforementioned sum in whole or in part, I (we) shall be obligated to pay the aforementioned charges to _____ his (their, its) assigns, heirs and successors, and in like manner shall such obligation extend to my (our) assigns, heirs and successors, all the while that I (we) shall not take a solemn oath with regard to the disposition of the profit. I (we) hereby release _____, his (their, its) assigns, heirs and successors, before I (we) take any solemn oath and also from any reciprocal oath on _____ or his (its) assigns, heirs or successors, in any such manner that would obligate him (them, it) to take a solemn oath or make any solemn declaration or act. It being expressly agreed and understood that at any time that I (we) shall not take a solemn oath with regard to the disposition of the aforesaid sum, I (we) and my (our) assigns, heirs and successors shall be obligated to pay the above charges, all the while that the aforementioned sum shall be in my (our) possession or that of my (our) assigns, heirs and successors. I (we) hereby obligate myself (ourself) to appear promptly, for purposes of any adjudication, arbitration or mediation according to the laws of Torah, (as interpreted according to Orthodox Jewish authorities) in the jurisdiction of _____ whenever the Head Rabbi of the Beth Din shall summon me (us) to appear, on the appropriate calendar day, and if I (we) fail to appear I (we) shall be judged in contempt. I (we) have obligated myself (ourself) according to all of the foregoing and acknowledge that I (we) owe the aforesaid sum to _____ his (its) assigns, heir and successors and that this obligation was properly consummated and executed simultaneously herewith, by formal and legal transfer of value according to Orthodox Jewish law, and in such manner that there can be no claim of accommodation. Simultaneously herewith I (we) have executed _____ to evidence the aforesaid debt, and in acknowledgment hereof I (we) have placed my (our) signature on this instrument this _____ day of _____.

On the _____ day of _____ in the year one thousand nine hundred and _____, before us personally came to us known, and known to us to be the individual(s) corporate officer(s)) described in, and who executed the foregoing instrument in our presence and he (they) executed and signed the same in our presence.

_____

_____

שטר עיסקא פלגא מלוה ופלגא פקדון

הרב הגאון חיים כהן שליט"א

דיין דקהל עדת ישורון וואשינגטאן הייטס עפ"י נוסח החכם"א בכלל קמג, וע"ע בס"ק כו

The undersigned hereby acknowledges receipt of the sum of $_____ from _____ (hereinafter referred to as the "Investor"), which sum has been delivered to the undersigned to be used for business investment purposes. The undersigned hereby obligates himself to utilize such sum for the purchase of or investment in such property as the undersigned deems beneficial for the generating of profits. Any profits realized or losses suffered as a result of investment shall be allocated equally between the undersigned and the Investor, however, the share of the Investor shall be reduced by the sum of One Dollar ($1.00) which shall be retained by the undersigned for his services during the term of the within partnership, whether or not there are any profits.

Any losses suffered shall be attested to by two persons who meet the qualifications of reliable witnesses under the standards of *Halachah.* Any profits generated shall be attested to by the undersigned under the oath required by *Halachah.*

The amount due hereunder, if any, to the Investor shall be payable monthly on the first day of each month. Provided such profits are being paid timely to the Investor, and further provided the undersigned has duly notified the Investor monthly as to whether or not there are any profits, the return of the sum invested herewith shall not be required until _____.

It is specifically agreed that if commencing _____,

---

* Taken from ספר משנת רבית

the undersigned pays to the Investor the monthly sum of $____, then the undersigned shall not be required to prove under oath to the Investor the extent of the profits generated by the investment, and the balance of such profits, if any, shall be the sole property of the undersigned.

The Investor shall be entitled to the presumption of credibility in any claim made that the terms hereof have been complied with. This provision shall survive the termination of this Shtar Iska.

In the event the undersigned does not give the monthly notices required hereunder, the presumption shall be that the investment made with the monies described hereinabove continues to generate a profit and such monies shall continue to be invested by the undersigned.

In the event of any conflict between the terms of this Shtar Iska and the terms of any agreement signed by the parties hereto relating to the subject matter hereof, the terms of the Shtar Iska shall prevail.

The parties hereto hereby acknowledge that this Shtar Iska has been executed and delivered in a manner consistent with the principles of *Halachah* required for effecting a legal transfer "*Kinyan Sudar.*"

In witness whereof the undersigned has executed this Shtar Iska this _____ day of _____.

_____

_____

שטר עיסקא כולו פקדון

חרב הגאון חיים כהן שליט"א

דיין דקהל עדת ישורון וואשינגטאן הייטס עפ"י נוסח החכמ"א בכלל קמג, וע"ע בס"ק כו

The undersigned hereby acknowledges receipt of the sum of $_____ from _____ (hereinafter referred to as the "Investor"), which sum has been delivered to the undersigned to be used for business investment purposes. The undersigned hereby obligates himself to utilize such sum for the purchase of or investment in such property as the undersigned deems beneficial for the generating of profits.

Any profits realized or losses suffered as a result of investment shall be allocated equally between the undersigned and the Investor. However, one percent (1%) of the profits shall be retained by the undersigned for his services during the term of the Iska.

Any losses suffered shall be attested to by two persons who meet the qualifications of reliable witnesses under the standards of *Halachah*. Any profits generated shall be attested to by the undersigned under the oath required by *Halachah*. The amounts due hereunder, if any, to the Investor shall be payable monthly on the first day of each month. Provided such profits are being paid timely to the Investor, and further provided the undersigned has duly notified the Investor monthly as to whether or not there are any profits, the return of the sum invested herewith shall not be required until _____.

It is specifically agreed that if commencing _____, the undersigned pays to the Investor the monthly sum of $_____, for his share of the profits, then the undersigned shall not be required to prove under oath to the Investor the extent of the profits generated by the investment, and the balance of such profits, if any, shall be the sole property of the undersigned.

The Investor shall be entitle to the presumption of credibility in any claim made that the terms hereof have been complied with. This provision shall survive the termination of this Shtar Iska.

In the event the undersigned does not give the monthly notices required hereunder, the presumption shall be that the investment made with the monies described hereinabove continues to generate a profit and such monies shall continue to be invested by the undersigned.

In the event of any confict between the terms of this Shtar Iska and the terms of any other agreement signed by the parties hereto relating to the subject matter hereof, the terms of this Shtar Iska shall prevail.

The parties hereto hereby acknowledge that this Shtar Iska has been executed and delivered in a manner consistent with the principles of *Halachah* required for effecting a legal transfer *"Kinyan Sudar."*

In witness whereof the undersigned has executed this Shtar Iska this _____ day of _____.

_____

_____

Where money is advanced for personal rather then business purposes, a Rav should be consulted and the following text should be used.

I _____ the undersigned (hereinafter referred to as Managing Partner) residing at_____ have received the sum of $_____ dollars from _____ (hereinafter referred to as Investing Partner) residing at_____ for investment in an Iska Partnership subject to the following terms:

In exchange for the aforementioned sum received by the Managing Partner, the Investing Partner shall acquire financial partnership (in the value of funds received) in any present investment, real estate or business that Managing Partner presently owns. If Managing Partner has no present investment or business, Investing Partner will assume and acquire partnership in any future investment that Managing Partner shall make. Investing Partner appoints Managing Partner as an agent to execute these investments as Managing Partner deems appropriate, on his behalf.

This investment shall be owned jointly by the Managing Partner and the Investing Partner with all profits and/or losses shared equally. Additionally, the Investing Partner will receive compensation for his efforts as manager of this Iska.

Any claim of loss to principal shall have to be verified by the Managing Partner through the testimony of two qualified witnesses in an Orthodox Beth Din. Any claim regarding the amount of profit generated by the investment shall have to be verified by the Managing Partner under a solemn oath before and under conditions acceptable to an Orthodox Beth Din or through the testimony of two qualified witnesses in an Orthodox Beth Din.

* Taken from ספר משנת רבית

However, it has been agreed that if the Managing Partner shall return to the Investing Partner the above mentioned principal together with an additional $_____ for his share of the profits, then the Managing Partner shall be relieved of the above mentioned oath and testimony. The Investing Partner shall be obligated to accept this sum as his full share of the profits and to release the Managing Partner of any further liability. The remainder of profits, if any, shall be the property of the Managing Partner.

Managing Partner is obligated to return the principal and profits that are due to the Investing Partner on _____ *. If payment is not made by the due date, the terms of this Iska shall continue as outlined above.

In the event of any conflict between the terms of this Iska Agreement and the terms of any other agreement signed by the two parties relating to above mentioned funds, the terms of this agreement shall prevail.

This agreement shall follow the guidelines of Heter Iska (*Takonas Maharam*) as explained in *Sefer Bris Yehudah* and has been executed in a manner consistent with the principles of *Halachah* required for effecting a legal transfer and obligation known as "*Kinyan Sudar.*"

The parties further agree that any controversy or dispute arising in connection with this agreement shall be submitted before** _____ . Judgment rendered by the aforesaid rabbinical authority may be entered in any court having jurisdiction thereof.

In Witness whereof the undersigned have executed this Shtar Iska this _____ day of _____ 19___.

_____   _____
Managing Partner   Investing Partner

* Insert date of payment or write e.g. as stated in promissory note.
** Insert name and address of Beth Din or Rav.

Glossary

agar natar: (monetary) reward for waiting (for repayment of loan)

aliyah: honorary post at the Torah Reading

arba minim: four species taken on *Sukkos*

aurev kablan: a guarantor on a loan to whom the lender has the same recourse as the borrower

aurev shaluf dutz: a guarantor on a loan to whom the lender turns immediately when the loan is due

aurev stam: one who guarantees a loan if the borrower cannot repay it

avak ribbis: interest which is prohibited rabbinically

bedieved: as a last resort

beis din: rabbinical court

brachah: blessing

bris: covenant

chametz: leaven; bread

Chazal: the Sages, of blessed memory

d'Oraisa: biblical law

d'Rabbanan: rabbinic law

din Torah: litigation in rabbinical court

gemach: free loan society

halachah: Jewish law

halachic: of Jewish law

hefker: ownerless

hekdesh: being sanctified (in a general way, a *yeshivah* or synagogue)

heter: permissive ruling

heter iska: a contract which

creates a type of investment partnership to circumvent the prohibition of *ribbis*

heter iska klali: a general contract that precludes the prohibition of ribbis from affecting any future monetary dealings

issur: prohibition

ketzutzah: see *ribbis ketzuzah*

kinyan: transfer of ownership

Klal Yisrael: the Jewish people

Mazel Tov: congratulations

mikveh: ritual bath

mitzvah: Torah commandment

mohel: performer of circumcisions

Pesach: Passover, early spring festival

poskim: *halachic* authorities

psak halachah: ruling of Jewish law

psakim: rulings

rav (*rabbanim*): rabbi(s)

ribbis: interest

ribbis devarim: words which constitute interest

ribbis ketzutzah: defined and specific interest

ribbis meucheres: belated interest

ribbis mukdemes: interest given in advance of the loan

sandak: one who holds the infant during circumcisions

schar tirchah: reward for one's effort and bother

sefer (*sefarim*): book(s)

Shabbos: the Sabbath

shailah: inquiry

shalom: peace (unto you)

shamash: beadle

shekel (*shekalim*): coin(s)

shul: synagogue

Shulchan Aruch: Code of Jewish law

simchah: rejoicing

sudar: the article used in making an acquisition (*kinyan*)

Sukkos: Festival of Tabernacles; autumn festival

teshuvah: repentance

tzeddakah: charity

yeshivah: Torah school

yeshivah bachur: *yeshivah* student

yeyasher kochacha: may your strength be perfect

Index

In Loving Memory
OF OUR DEAR
Parents and Grandparents

Aryeh Leib ben Hersh

Rivka Henna bas Sholom

Yerachmiel ben Avrom Yitzchok

Golda bas Yitzchak

Dedicated by
Mr. and Mrs. Irving Siegel
Dr. and Mrs. Meir Siegel
Dr. and Mrs. Sholom Siegel

לעילוי נשמת
ר' משה יהודא בן הרב יוסף דוב הכהן ז"ל
ליעבערמאן

❖

לכבוד
יהודה בן אברהם

❖

IN MEMORY OF
THE MARTYRS
OF THE FIRST STOJANOWER
AND SIKULAR K.U.V.
WHO WERE MURDERED
BY THE NAZIS Y.S.V.